看见孩子 遇见自己

亲子联结的从“心”领“绘”

徐娟 / 著

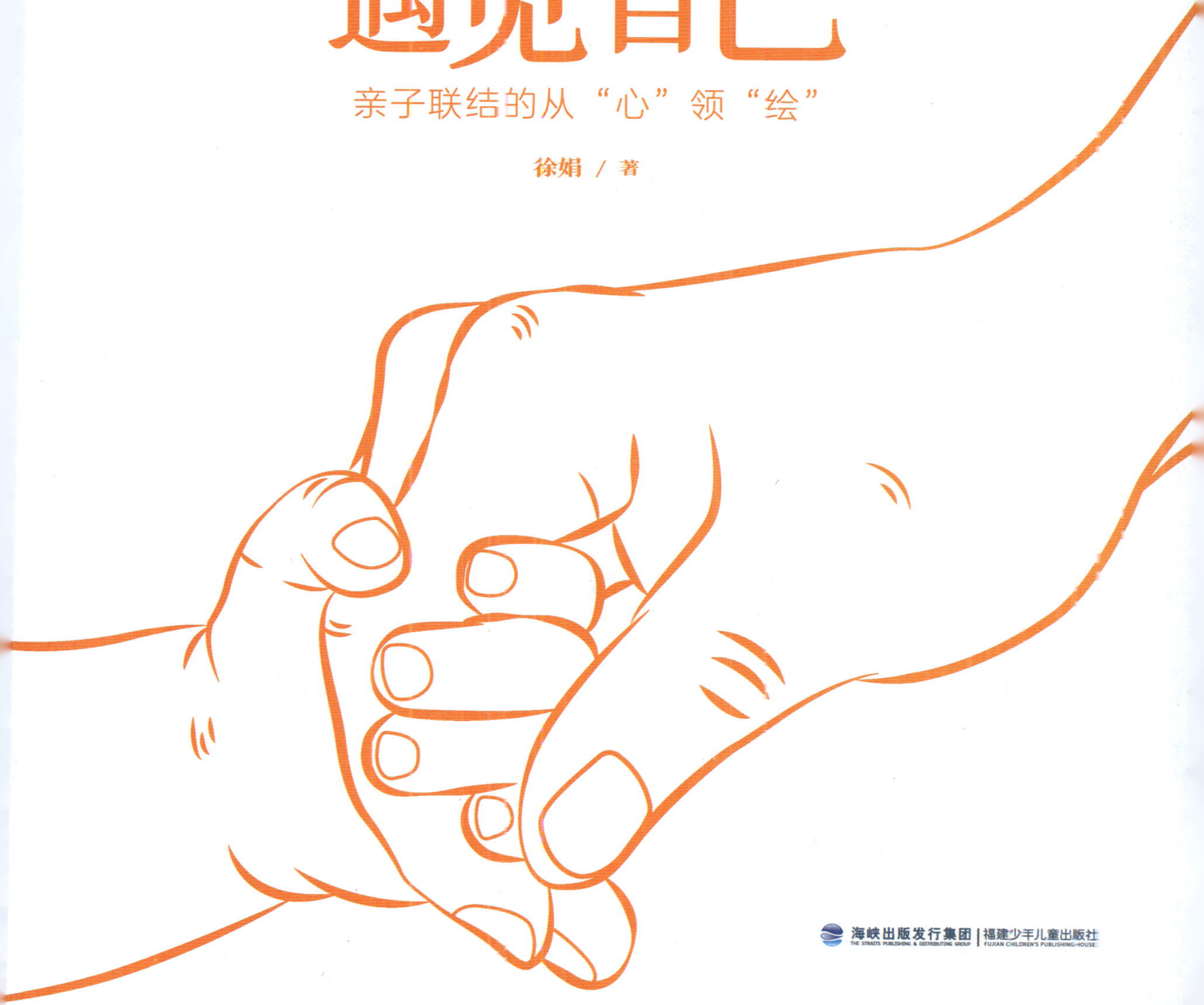

海峡出版发行集团 | 福建少年儿童出版社
THE STRAITS PUBLISHING & DISTRIBUTING GROUP | FUJIAN CHILDREN'S PUBLISHING HOUSE

推荐序 1

潺潺小溪又流来

儿童被诞生以后，就成为了大人的一件事情。

这一件事情的时间会很长，当它显得特别麻烦的时候，大人就找不到快乐在哪儿了，甚至顾不上去找，无可奈何地被麻烦得团团转。

儿童长大的过程，也是大人长大的过程。他长个子，你无法长怀抱；他长知识，你却长心思；他长"方向"了，你长皱纹，他的"方向"转来转去，你的皱纹曲里拐弯。

就像昆廷·布莱克的图画书《小怪物》中的年轻夫妻乔治和贝拉，他们惊恐地互相看着：这样下去怎么办！

这一件事情，从前的年代根本不像现在这样团团转得像个陀螺，而现在是陀螺般的团团转，原因是什么呢？

原因是什么？这可以写一本书，或者几本书，所以我就不能够用少量的文字来说它是什么。这是一件所有遇见这一件事的人都能够想出一点原因的事，它需要家庭独自想，社会集体想，学者研究想，作家编成小说和童话想，慢慢想，不能急。

把儿童诞生出来，于是大人便团团转了，这终究也是人生里的一种舞蹈，是摊派上的角色责任，也是必定的义务和使命。

练习跳舞，完成演出，没有脚尖不痛的，浑身酸痛！

可是神情要洋溢、奔放、笑容流彩，哪怕是装！因为苦愁着脸，这不合乎生命舞台的演出规定，不合乎诞生童年的成年人的精神装扮，不合乎生命延续的动力学、希望学，也许根本就没有这种学，但是生命有哲学！

人类生命的本心、本性都万分强大，所以这一点团团转真是个小游戏了。

可是在一个家庭，它又显得很不小，因为每天要过日子的！

孩子一点点长大，这个年代，父母对他们的愿望本来就很大，所以必然越来越大。他们如何跳好双人舞、三人舞，而且是小孩和大人跳，搂不住肩膀搭不上腰。小孩踩你脚，你嫌他不听话，姿势不对；你一脚踩到他，他疼得哇哇叫，要逃跑。的确很急死人！

这个年代愿望很大，正是团团转的一个巨大原因！

从前的年代，大人对小孩没有非常大的愿望，能够吃饱，不要生病，不存在211、985、双一流的要求，考取大学很喜庆，考上中专也满意，没有地方买汽车，也没有地方买房子……愿望很寻常，心理很平和，所以不容易爆发"战争"，更不可能天天"游击战""地道战"。

学者徐娟，研究和写这本书的意思，大概就是设法如何才可能减少些急死人的心情，多一些儿童成长期的家庭和乐，如何在共同成长中完成儿童的科学性成长，在儿童的成长中多获得些当父母的诗意心情和抒情权利。

她是学习和研究心理学的。

她有过很投入的心理学应用和实验的经验过程。

聆听儿童的声音、父母的声音。仔细地看清楚他们的神情，分析心理脉象。她非常细腻、感性也理性地出任着父母、孩童、心理师、学者的多方角色。她很尽努力地在她的研究、实验对象的心理间走进走出，感性地拥有真实，而不是简单地栽种理论，叁着理论之冠，冒充理论王者。

尤其是心理学，只要应用，就必须临床。

她又是一个出色的童年图画书的喜爱者、阅读者、运用者。

这一本书，她的这一个研究，就是运用图画书的艺术使其成为儿童成长和成年人关怀、本在的儿童和早被建构的成年人、幼稚的懵懂生命和智慧的成熟生命、高个舞者和矮个舞者……的一条共同板凳，一个享有共趣的故事，一个含有苦瓜功效的甜瓜，一个愿意牵着手一起走进的公园。罗大里曾经如此说，童话就是让成年人可以和儿童坐在一起。

图画书最有资格成为幼年与成年的共同童话、共同剧场，父母和孩子在此目光交融，呼吸交错，彼此链接。不只是互相踏入，更是在共同走进故事中，相互补充，获得语言、智慧、情感乃至更丰富的哲学一致。

《小王子》中的红狐狸提议小王子先要建立联系、关系，才可能成为朋友，乃至爱人。只是待在一起，心思各自，那么再有智慧的狐狸，再有天真的小王子，也还是你是你，我是我。它们站在共同的黄沙漠上，黄沙漠不能成为Link，链接是在共同的走云之中。共同走去之中相互驯养，获取默契。在《小王子》中，红狐狸很像一个成年人，而小王子是个标准小孩。

图画书是一个很有吸引力的共同走去。

著名的"红狐狸理论"是哲学，更是生活提议，对亲子相处有极高价值。

文学图画书，基本上都是童话，图画书有的时候就是童话书，但是童话书不一定是图画书，这是很多人容易搞乱的。

《看见孩子　遇见自己》是一本充满关怀和善意的书，教育学和社会学的意义都很饱满。理论叙述平和，是站立于课堂、台下的人可以听懂的。语言运用细致、讲究，文艺性的文笔！

我并不认识作者，她的书稿在我的桌上已经放了很久，我总是翻一翻，看几页，我喜欢这本书。

它是好看的、有用的，书的环节设计，也有趣味，于趣味中得到收获，收获得也会有趣。

学者、教授、作家，都是知识分子。

我们都只是为这一块土地工作的人。我们要投入。要真诚。要有农民般的专心和实在。因为我们研究的成果，写出的书，如同农民种出的粮食，不是用来装点谷仓的，而是供人吃的。

> 此刻，我忆起了山谷中的一条沟壑。在它的深深的河床上，一条小溪在歌唱，丛生的荆棘将它隐去。而我就像那条沟壑：觉得这条小溪在我的心底歌唱，并且我把自己的身体献给小溪，让它沿着荆棘丛生的地方，一直向着阳光攀登。
>
> ［智利］米斯特拉尔《大地的象征》

祝贺徐娟的小溪。

儿童，家庭，所有安详的生活和成长路途，也都是小溪和小溪般的流动。

著名儿童文学作家
上海师范大学教授
2022年8月31日

推荐序 2

绘本产生于 17 世纪的欧洲，20 世纪 30 年代是绘本的黄金时代，20 世纪五六十年代传入日韩国家，20 世纪 70 年代后才逐渐传入我国内地。不是所有给孩子看的带图画的书都可以叫作绘本，那些图画和文字紧密联系共同展现一个故事，表达特定主题的书才叫作"绘本"。

优秀的绘本不只是简单地讲故事，而是蕴含丰富哲理，儿童在阅读的过程中会受到无形的影响，包括儿童的心理和价值观。适合儿童阅读、好的绘本，其作者不只是文学家或是画家，更要懂得儿童哲学、儿童心理学，对于儿童内心有细腻的观察和体验，并将这些体验融入绘本创作中去。

大多数儿童都喜欢阅读绘本，在阅读绘本的过程中孩子们能感受语言的美妙，积累丰富的词汇和句子，在愉快的阅读体验中学会积极思考，萌发疑惑也会不停地提问，这时候若有老师、家长积极参与进来，耐心地予以讲解、启发，那么在这个过程中孩子的语言表达和沟通能力将会得到有效训练，儿童知识结构与视野也会得到较快拓展。

总之，绘本阅读是爸爸妈妈和孩子建立早期情感联结很重要的方式。运用绘本对儿童进行早期教育，可以培养孩子阅读兴趣，为日后的语文阅读打下基础。通过绘本阅读能发展儿童的社会性和认知水平，放飞孩子的想象，丰富儿童的情感，培养道德感和审美。对于儿童的成长具有重要价值。

作为徐娟老师新著《看见孩子 遇见自己》的第一个读者，翻阅了这本300多页厚厚的书，确实是一本写得非常用心，既科学又实用，充满趣味，很适合家长与孩子作为家庭亲子阅读的书。本书的优势在于，作者依据儿童绘本心理阅读的科学规律与实证研究结论，为广大读者提供了深入浅出、循序渐进的家庭教育指导和儿童阅读方法。

最后，我亦赞同徐娟老师在书末所表达的创作动机："本书的写作理念与教育现象学如出一辙，以生动的绘本故事为引导，在亲子互动、家庭生活的关注和探究中，感受'亲子''家庭'的真正内涵和本质。希望以此可以引导我们的孩子和家长保持对生活的体验、敏感和好奇。希望家长可以保持对独特性的独特关注，关注孩子的独特性、情境的独特性、个人生活的独特性，获取生命的体验、成长的体验。"这也正是这本书出版的价值所在。

为此，我向广大青年朋友、青少年教育工作者和家长推荐本书。

杨雄

国务院妇儿工委儿童工作智库专家
上海市儿童发展研究中心主任
上海社科院社会学研究所研究员

自序

我在近20年的青少年心理工作中，每当看到一个孩子或一个家庭重新绽放笑颜，我的喜悦、感动和满足甚至要超越工作上所获得的各类奖项。我已记不清这些孩子的真实姓名，但是他们在我心中都有着最可爱的昵称和一直生动着的形象。每当收到家长们分享和感谢的短信，最让我欣慰的是家长们思想的改变、专业的举动和教育的信心。

一位家长说，我有空就会用写写画画的方式记录与孩子在一起的日常，现在已经积累厚厚的一大本啦。一位家长说，每天早晨我会在孩子的床头放一张漂亮的小贴纸，在上面写上一句优美的心灵感悟……这些家长都在努力寻找着和孩子建立更多心灵联结的方式。但要警惕的是有时过于单方面的努力付出又会让联结变得过于脆弱或负担过重。

每一年，总有不少家庭教育的书籍出版，这些图书都会告诉家长们他们之前所做的有失误，建议家长们用另一种教育方式，结果，我们的家长们就常常处于在具体的、矛盾的引导方式中：温柔点，严厉点；孩子哭泣时给予回应，孩子哭泣时不给予回应；给孩子制定各种规则，任孩子本性自由生长。家长们在应接不暇中也变得更加不知所措。

斯坦福大学的《大众心理学》课程中曾指出："批判性思维者能够利用两个证据以保护自己远离焦虑贩卖者和市场商人，一个证据是婴儿和小孩会在各种各样抚养方式下茁壮成长，另一个证据是婴儿能够用自己的性情和其他遗传因素告诉大人如何以最好的方式抚养他们。"用通俗的话来说就是，家庭教育的重点并不在于固定的、具体的方式方法，而是在于只要建立了和孩子之间平等、互动、有效的联结，家庭教养的具体方式其实都会朝着有利于孩子发展的方向前进。这也就不难解释虎爸虎妈可以教出优秀的孩子，猫爸猫妈照样也可以带出杰出人才了。

试想一下，当和孩子心意共通时，严厉点他能理解你的苦心，温柔点他能感受你的关切。但如果孩子没能和你建立有效联结，严厉点他会觉得你不通人情，温柔点他会觉得你笑里藏刀，这也是不少家长经常抱怨的："为什么付出那么多，孩子却一点也感受不到？"

我一直在苦苦思索，要找一个怎样的媒介更好地帮助亲子间建立联结。一个项目的探索让我有了新的发现。这是个神奇的媒介，所有的孩子都不会拒绝它的存在，而它又可以使我们的家长免于落入反复唠叨或是义正言辞的道理宣讲。它可以激发孩子更多成长的思考，它可以推动家长进行更多教育的反思。更重要的是，运用这个媒介，它可以使双方在自然、渗透、接纳的方式中，带动亲子间更多情感的交融，建立最美的联结。

《傅雷家书》中写过这样的一句话："儿子变成了朋友，世界上有什么事可以和这种幸福相比的！"是啊，有什么可以比亲子间心意相通更幸福的事！

非常喜欢当代杰出社会心理学家埃利奥特·阿伦森的《绝非偶然》这本书，如同书名"Not by chance alone"，人生经历中的偶然都有着必然，个体的发现带动的却是共同的成长。人们喜欢和心灵相关的问题，但很多情况下又无法用事实加以诉说,这时形象的故事、生动的画面、留白的空间,会更深刻地触碰心灵。

让我们尝试着运用"绘本"这个神奇的媒介,让孩子和父母,在愉快的阅读中、悄然的点拨中、用心的分享中,获得恍然大悟的惊喜和久久回味的共鸣!

徐娟

上海市虹口区教育学院

如何使用本书？

中国的家长在请教家庭教育问题时，最喜欢聚焦在具体该怎么做。无论之前的辅导给予多少让家长思考、让家长领悟的启示，"嗯，道理我懂了，但我还是想知道具体该怎么做。""哦，我可以想一想、试一试，但是有个具体的指导事例在这里将更好……"这是很多家长的心声，也是他们在进行家庭教育中的现实需求，但现实中每个家庭都是独特的、不尽相同的，适用于这个家庭的具体操作不见得完全适用于另一个家庭，本书中特别设计"听、说、读、写"四个模式，即满足了家长们对于指导的具体化需求，同时又给予互动与留白的空间，推动家长对于家庭教育可以有更多思考。

本书分四部分，第一部分从建立亲子联结的角度分四个篇章进行阐述，让孩子成为了自己，拥有无限发展的可能，让家长遇见自己，回归初心；第二部分从形成习得性乐观的解释风格角度分四个篇章进行阐述，让孩子、家长远离习得性无助，阳光、乐观伴随家庭生活；第三部分从亲子间依恋关系的角度分四个篇章进行阐述，实现家庭教育的终极目标，家长真正地看见孩子，孩子真正地感受家长，获得源源不断的力量；第四部分从生命意义感的四个维度出发，将家庭教育的内涵进一步升华，引导家长在生活态度、生活目标、生命价值和生活自主方面积极践行，获得自我成长的同时也成为"足够好的父母"，让孩子成为自己，深刻感受生命的价值和可贵。

书中共有16个章，每一章都有三个核心版块，分别是："读—听""说—写""联结旋律"，可以简洁地理解为通过"听说读写"，建立亲子间的有效"联结",奏起家庭生活的美妙旋律!同时每一章还有两个拓展版块,分别是"画语心声"和"给家长的话",展现出孩子更加真实丰富的内心世界,给予家长更多专业适切的指引!

读与听

可以家长读给孩子听;

可以孩子与家长分别读;

可以孩子与家长一起读;

可以孩子读给家长听。

自由的读与听的形式,任你创造!

说与写

可以家长和孩子同看画面,根据画旁的引导,谈谈各自相应的感受,最后阅读文中的"观点"。可以家长和孩子分别看,写下自己相应的感受,再阅读文中的"观点"。可以家长邀请孩子看,记录孩子的相应感受,然后分享文中的"观点"。

多样的说与写的形式,由你设计!

♪ 联结旋律

家长阅读,思考、改变,付诸家庭实践。
孩子阅读,了解、理解,共享心扉感受。

✧ 画语心声

自创绘本,展现丰富的心灵,探秘真实的内心,找寻共鸣的支点。
延伸绘本,深化主题,建设更多互动分享的内容与空间。

给家长的话

家长获取更多"同心同在、相伴成长"的秘诀。
For Family, Family Forever!

目录

001 篇首语 我的到来意义非凡

第一部分

010 第1章 一寸虫、小黑鸟与没有——发现与看见

023 第2章 一起玩、是怪兽与一切有心——同感与同理

038 第3章 房子、瓶子与蛋——感恩与接受

053 第4章 派克的小提琴、晴朗的一天与獾的礼物——分享与给予

第二部分

071 第5章 讨厌黑夜的席奶奶——永久和暂时

085 第6章 没有耳朵的兔子和两只耳朵的小鸡——一般和特别

098 第7章 味儿——内部和外部

110 第8章 给孩子一双怎样的翅膀

第三部分

146 第 9 章 家与孩子

167 第 10 章 "孩子气"的宽容·理解·表达

188 第 11 章 感受与喜欢

202 第 12 章 传递与联结

第四部分

218 第 13 章 重大"小"问题

241 第 14 章 自己还是他人

260 第 15 章 我,最了解自己的人

298 第 16 章 生命可以被看见

我的到来意义非凡

吱 吱

我的到来，意义非凡，
你、我都很难想象，
没有对方的生活。

我的到来，意义非凡，
我来，不是为了拯救世界，
我来，不是为了改造人类，
我来，
只是为了不让拼图缺失它的一角，
成为真正的自己。

我的到来，意义非凡，
和父母一起学习，
与同伴一起欢乐，
与老师一起探究。

我的到来，
意义非凡！

这首小诗是 12 岁的男孩吱吱所写，吱吱是个无忧无虑偶尔也会迷迷糊糊的男孩，虽已是个初中生，但他常常闪现幼童的"光彩"："我真棒""快来表扬一下我"，这些是他的口头禅，全然没有数学卷上看错符号做错题，或者语文默写总把"慌"多个点"冷"少个点的烦恼；下课时、午休时必须是和朋友们沉浸在欢乐海洋。吱吱说，我们优雅着呢，和朋友散步、聊天、玩游戏。可让爸爸妈妈困惑的是为什么吱吱校服裤子始终保持两周一破的频率？难道是在狂野地奔跑和四处打滚？吱吱也会有心情不好的时候——被爸妈数落不能精益求精、没有长远目标时，犯了错误却觉得被冤枉时，不能做自己想做的事情时。

　　吱吱有自己的想法，也能说会道，一个论点，一二三论据不在话下，但作文总是精练到字数刚好达标，爸妈说多看些作文大全呀，吱吱却说我不喜欢那些看着就酸的文章。看着别的孩子这获奖那超前，爸妈要和吱吱谈谈未来的方向和梦想，吱吱却说过好现在就好，不要弄得那么累。爸妈担心吱吱，就这样浑浑噩噩、迷迷糊糊度过了青春，不能体会人生意义，但吱吱最讨厌讲大道理或带有目的性的类比。

　　一次契机，爸爸妈妈和吱吱一起读、一起听、一起说了《你的到来意义非凡》这本绘本，当时气氛的融洽程度超出了所有人的预期，那一刻，爸爸妈妈看到了另一个闪闪发光的吱吱，吱吱也感受到爸爸妈妈爱的温暖与理解。于是就有了上面这首吱吱快乐而郑重地写在日记本上的小诗。

《你的到来意义非凡》［美］南希·蒂尔曼/作 王芳/译 二十一世纪出版社集团出版

即使你最微不足道的努力,也会开花、结果,超过你的预期。

滑过雪原……　　漫步……　　飞舞……　　漂浮……

跳起旋转舞步——

风筝飞舞的五彩丝带是最美的喻体也是最生动的联结，联结你我他，联结山川、树木与河流，给每个时刻每个人都带去无法想象的意义和快乐。就如文中所说："让一切成为可能，在世界的每个角落发生……真的无法想象，假如这世界没有你……你被爱着。"

每个孩子都需要被看见，无论是襁褓中的婴儿，还是牙牙学语的幼童，亦或是青春叛逆的少年，都需要被父母看见他们作为独立个体的真实存在。试想，每日生活在父母身边的孩子，父母却看不见他们，这是一个多么悲哀而凄凉的情境，这样的情境却真实地发生在不少的家庭中。

家长为了孩子放弃所有，结果孩子却越来越"顽劣"；家长一步步精心培养出的"优秀"孩子，却在瞬间崩塌；家长不断创造优良条件，孩子却总是萎靡不振……是孩子的问题太多，还是我们根本没有看见真正的孩子？这些情境中无不渗透着父母单方面的设计和掌控，孩子需要的到底是什么？是父母放弃所有，时刻陪在自己身边？给自己规划设计好所有？给自己不需要的最好条件？

这些恰恰是作为独立个体存在所最不需要的，成人的生活如果全由他人所设计和控制，一天可能都无法忍受，那么孩子呢？在他们成长的过程中，如果一直是父母的管控，他们还能自由发展、活出精彩吗？

"看见"，书面的意思就是看到，而看见孩子的"看见"，不仅是用眼去看，更要用"心"去看。父母视线中存在的孩子，并不代表父母就能真正感受到孩子的情绪与需求，孩子成长中所需要的"看见"，是共感，是发现，是理解，是接纳。

孩子从来都不是家长的附属，也不是家长的精神延续，更不是家长社会功能的反映物品。他们是一个真实存在的人、发展中的人、需要被看见的独立人!

所以,建立亲子间的联结是看见孩子的前提、基础和保障,有了联结一切皆有可能,亲子间的联结更是具有无限的魔力,在联结中,让孩子成为自己、拥有无限可能的同时,父母们也获得了自我的成长。

看见孩子,遇见自己!

第一部分

每一个小生命的降临，都是带着自己所有的爱和信任来到父母身边，父母朝他笑，他也会笑，父母伤心哭泣，他也会伤心哭泣，他信任地让父母抱、父母喂、父母养，没有任何嫌弃和怀疑，没有哪个孩子会朝着抱着他的父母说："你抱得不稳，不是好爸妈。"亦或是对着正在喂他的父母说："你喂得太慢，不是优秀爸妈。"他们总是投入身心地接纳着父母，同样，他们也渴望被父母无条件地爱着与信任着。

而在现实的状况中，父母们却用着越来越多的数据和标准来要求、训练和评价着孩子，发现孩子身上越来越多的"问题"，于是就越来越急切地纠正和改造着孩子。

总希望孩子这样，孩子那样，孩子做到一就要孩子再做到二，做到二又要孩子做到三，在这种追逐的剧场效应中，家长们越来越激进，也越来越焦虑，于是亲子矛盾也越来越激化，越来越焦灼。

曾有一档采访节目，主持人问那些对孩子很有要求、总抱怨孩子不好管教的家长们："您还记得，在您孩子上次生病时，您当时想的是什么吗？"这些家长们几乎异口同声地说："那当然是希望孩子赶快好起来，只要孩子健康比什么都强。"说完这些，很多家长突然陷入了沉思，我想在此刻，他们已经领悟到什么才是最重要的，其实他们已经拥有了最珍贵的。孩子是从父母的印记中成长过来的，只有积极建立亲子联结，看见孩子，遇见自己，从改变自己开始，孩子自然会变得更好。

孩子从出生开始，需要的一直都是温暖和拥抱，而不是控制和改变。在温暖和拥抱中，他们会不断丰富、不断成长；而在控制和改变中，孩子会逃离、会反抗、会压抑、会混乱。婴儿感受不到父母的温暖和拥抱，会用无法安睡和哭来表达，青少年感受不到父母的温暖和拥抱，自然会制造各式各样的问题来表达。

如果孩子是小水滴，那么就让孩子在大海中尽情遨游，自由呼吸和感受，用自己的力量成为大海中快乐的、自由的、特别的一滴。不需要外力的激荡使他跳跃，也不需要围圈式的保护与限制，更不需要多此一举的调配和注入。

建立与孩子的联结，是父母向内看的过程，需要直面自我内心的勇气，需要挑战自我设限的动力，更需要一直都在的爱和真诚。

建立与孩子的联结，也是神奇美妙的过程，在自由的空间中，用心感受，静静欣赏，爱意满满，每个人都在汲取能量和成长。

在如此高效、快速发展的今天，我们多么需要这些美妙的联结：发现——看见，同感——同理，感恩——接受，分享——给予……让孩子成为自己，拥有无限发展的可能！让家长遇见自己，回归初心，静待花开！

第❶章
一寸虫、小黑鸟与没有 —— 发现与看见

 "孩子，你觉得自己有用吗？"

——我觉得自己挺有用的，应该做什么都行吧。瞧，我以前做的一些事情都挺好的呀。啊？要我做这个？这个以前从来没做过呢，怎么办呢？

——我觉得自己很没用，这不行那不行，好像什么都不如别人，我什么时候才能和别人一样呢？

——我到底是有用还是没用呢？

 "您觉得您的孩子有用吗？"

——嗯，有用。成绩好，听话，懂事。

——哎，没用。成绩差、不听话、不懂事。

——真不知道这个孩子未来有没有用。

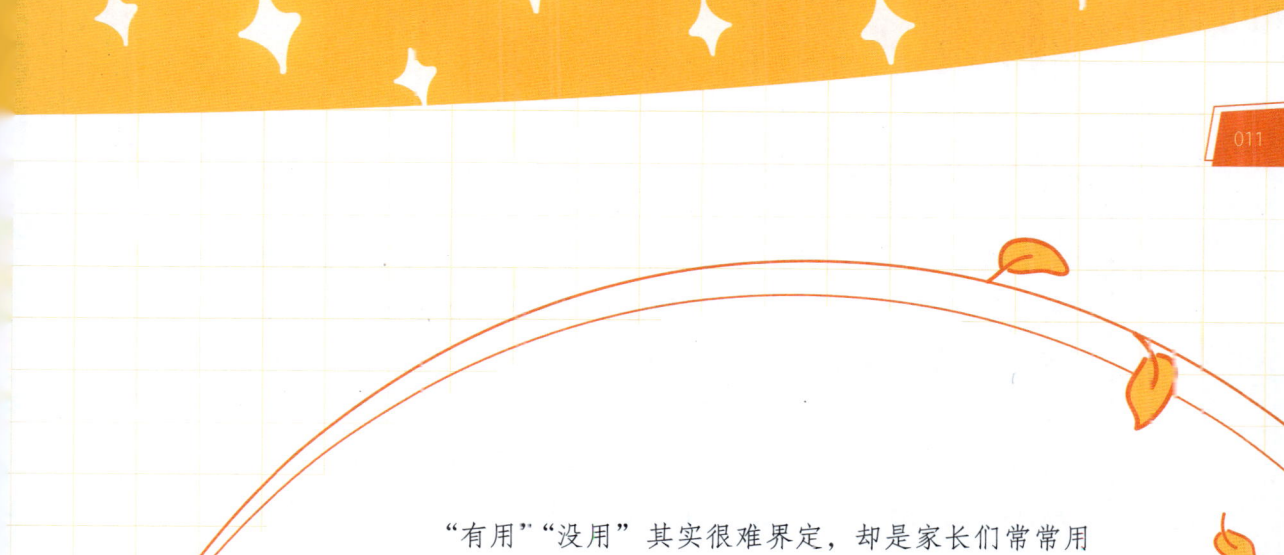

　　"有用""没用"其实很难界定，却是家长们常常用来评价孩子的标准。成长中的个体，用固定的标准来评价，不合理也不公平，更何况，评价孩子为什么用的却是成人心目中的标准？

　　这也就是孩子们为什么会最讨厌家长口中"别人家的孩子"的本质原因了，"别人家的孩子"不是因为多优秀，而是因为契合大人们的价值标准，而且在这样的相互比较中，孩子们更多感受到的是自己像一件物品，而不是一个独一无二、无法被替代的人。每个人都是在不断地变化和成长的，孩子的每一天、每一时、每一分、每一秒都在发展着，就像斗转星移。没有不成长的孩子！那么在成长的过程中，孩子，你有去不断地发现自我吗？而家长，你有去真正地看见孩子吗？

读与听

这是一只小虫,因为身长正好一寸,所以他又叫一寸虫。他呢,觉得自己是有用的,因为身体可以量东西,量知更鸟的尾巴、火烈鸟的脖子、巨嘴鸟的喙、苍鹭的脚、蜂鸟的全身……有一天,一寸虫遇到了一个麻烦,夜莺要让他量歌声,否则的话就把他吃掉。"歌声怎么量呢?"一寸虫想啊想,最后说:"让我试一试吧!"于是在夜莺唱歌的时候,一寸虫就开始量,量过小草,量过花朵,量过树丛……最后量得不见了踪影。

《一寸虫》[美]李欧·李奥尼/文·图
杨茂秀/译 明天出版社出版

一寸虫一开始觉得自己挺有用,因为自己可以量东西,用丈量的作用让鸟儿们不要吃自己,可是当遇到夜莺提出的要求后,他发现仅仅依靠原先的丈量已经不能解决问题。一寸虫难道就只是耍了个小聪明悄悄地溜走了吗?

如果一寸虫借着这个机会只是悄悄地溜走,那么可能过得了初一过不了十五,这次逃脱了,下一次会不会遇到另一只夜莺,更或者是厉害过夜莺的"夜莺"呢?用"逃"并不能真正地解决问题。

那么有没有可能是这样的:

▶ 一寸虫开启了思维的突破,他没有禁锢在原有的思维中。

▶丈量为什么只能是长度呢？声音、画面、事件是不是也一样能够丈量呢？

▶自己的作用是不是还可以体现在更多方面？只要敢于想象、善于发现，会有更多的可能。

于是，一寸虫成为最有创意、最具潜质、最为厉害的丈量专家。相信，今后这样的一寸虫可能不仅仅是丈量的专家，还可能是一个艺术家！哲学家！奇思妙想家！

说与写

这是一个描绘了什么样情景的画面？从画中你感受到了什么吗？又有什么发现呢？

这是《一寸虫》绘本中，夜莺要求一寸虫丈量自己的歌声，否则就把他吃掉的画面。

乍一看这是充满了紧张对峙的画面，夜莺和一寸虫四目相视，夜莺身体和嘴巴的平直而坚利的线条、灰黑的身体颜色，给人以压力和冲击。但一寸虫略高于夜莺的方位，身体柔和的线条和长长的绿叶融为一体，以及那一句"我愿意试一试"。让人们丝毫没有觉察一寸虫的退缩和害怕，反而感受到的是动力和希望。

通常绘本中纵贯页面的直立线条暗含着蓄势待发的动力或不屈服的意志，这无疑又是给一寸虫和夜莺的对峙增添了更多积极的意味。

所以我们只要静静地欣赏、体会这幅画面，就已经足以让人心潮澎湃——思绪转变——力量获得。

联结旋律 ♪

看，畅游在大自然中的一寸虫，每天快乐生活着的同时，也在不断地尝试着接受各式各样新颖的丈量挑战。每次完成一个挑战后，相信一寸虫都会扭一扭身子，然后默默地念叨一句："我的到来确实意义非凡！"

喜欢这只可爱的一寸虫吗？羡慕这个能够化险为夷的一寸虫吗？小小的身躯却有着大大的能量。一寸虫知道自己有用，但又没有局限在自己所知道的有用中，于是开拓了更多的"有用"。

"发现"就是不断开拓的前提，也是我们每个人力量的源泉，如何发现更多？我们可以借鉴一寸虫的这句话："我愿意试一试。"这其实是一个通关秘诀，让我们能够打开一个个"金碧辉煌"的宝库。

在觉得自己有用时，我们需要发现，发现有用的另一种；在觉得自己没用时，我们需要发现，发现另一种有用；在不知道自己有用还是没用时，我们更需要发现，发现没被发现的有用。

发现越多，就会收获更多！

读与听

这是一只小黑鸟，全身黑得跟煤球一样，在黑暗中似乎不存在。他的家人，没有一个是这样的，妈妈是高贵的紫色，爸爸是荧光的蓝色，四个哥哥都有着漂亮的颜色。爸爸妈妈总是很忙，四个哥哥也不爱和他玩，小黑鸟不知道自己为什么没能有漂亮的颜色，他觉得很难过、很孤单、很没用。突然有一天，哥哥们都不见了，大家着急地寻找，结果发现，哥哥们被人抓住关在一个金色的笼子里。守卫太严，如果飞过去，就会被抓。怎么办呢？小黑鸟想到自己的黑，在黑夜来临时，用黑色做掩护，小黑鸟飞进笼子，把笼门打开，救出了哥哥们。

《小黑鸟》［奥］赫尔嘉·嘉勒／文·图
王星／译 明天出版社出版

觉得自己没有用的小黑鸟，当纠结自己的黑色时，怎么也找不出答案：他问五彩的花儿，花儿给不出答案；他去找能变色的药，怎么也找不到。觉得自己没用又找不到答案的小黑鸟感到痛苦，外表和内心都处在黑暗笼罩之中，差一点完全否定了自己。还好一个突发的事件，让小黑鸟发现"新天地"，学会接受自己的黑色并运用黑色，带来意想不到的结果。

于是，黑色开始变得不一样，黑色带给小黑鸟的已经不再是沮丧和痛苦，他不仅能够化解危机、解决问题，而且还能让生活变得完全不一样，充满了自信和欢乐！相信今后的小黑鸟再也不会想着变颜色了，因为黑色已经成了小黑鸟的幸运色！

说与写

左图你第一眼看到的是什么？右图你第一眼看到的又是什么？

为什么会有这样的差异呢？你有什么新发现吗？

这是《小黑鸟》中的两幅画面，第一幅首先映入大家眼帘的可能会是那朵巨大的金色花，巨大的花冠、渐进色的花瓣，位于画面的黄金分割点，想不注意都难。而小黑鸟呢，因为和背景环境的颜色一致，又位于地面的下方，身旁有一样高度的小草的掩盖，实在是让人难以注意。加上绘画者独具匠心的俯角设计，让小黑鸟显得更加的隐形和弱小，这也是小黑鸟对自己充满质疑和彷徨时真实状态的写照吧。

第二幅画中有巨大的金色牢笼和小黑鸟的彩色兄弟们，可为什么首先吸引我们目光的却是那只在黑暗中就看不见的小黑鸟呢？因为它那双亮闪的大眼睛和忽隐忽现的身躯，是那么引人注目。这里实、虚的对比，大、小的对比，彩色、单色的对比，无一例外地会让人关注到后者。同时仰角的设计，让黑暗中的小黑鸟更加闪耀、高大与重要。

发现自己的作用、价值和意义，将原本认为的弱势变为优势，这样的你，无论何时何地都是最闪耀的！

联结旋律 ♪

看，现在的小黑鸟正快乐地和哥哥们在枝头上蹦蹦跳跳唱着歌呢！唱的什么呢？应该是"我的到来意义非凡"！

世上没有完美的人，每个人都有优势和劣势，如果一味地纠结在"劣势"中，可能就会像纠结在黑色中的小黑鸟一样，不仅找寻不到自己想要的答案，而且还让黑色从羽毛颜色延续到情绪和心灵。其实所谓"劣势"并无绝对，在一定情境下"劣势"可能还会转化为"优势"，小黑鸟用原本以为的"劣势黑"救下了自己的哥哥们，"劣势黑"变为了"优势黑"。当我们能够直面自己的"劣势"时，当我们更敢地在"劣势"中积极发现和转化时，其实劣势已经开始了"质"的变化。

在劣势中发现，发现劣势中的优势，是神奇之事但也是每个人可为之事。那么请睁开我们的慧眼吧，发现黑暗中不一样的黑，发现黑中的亮丽与五彩缤纷！

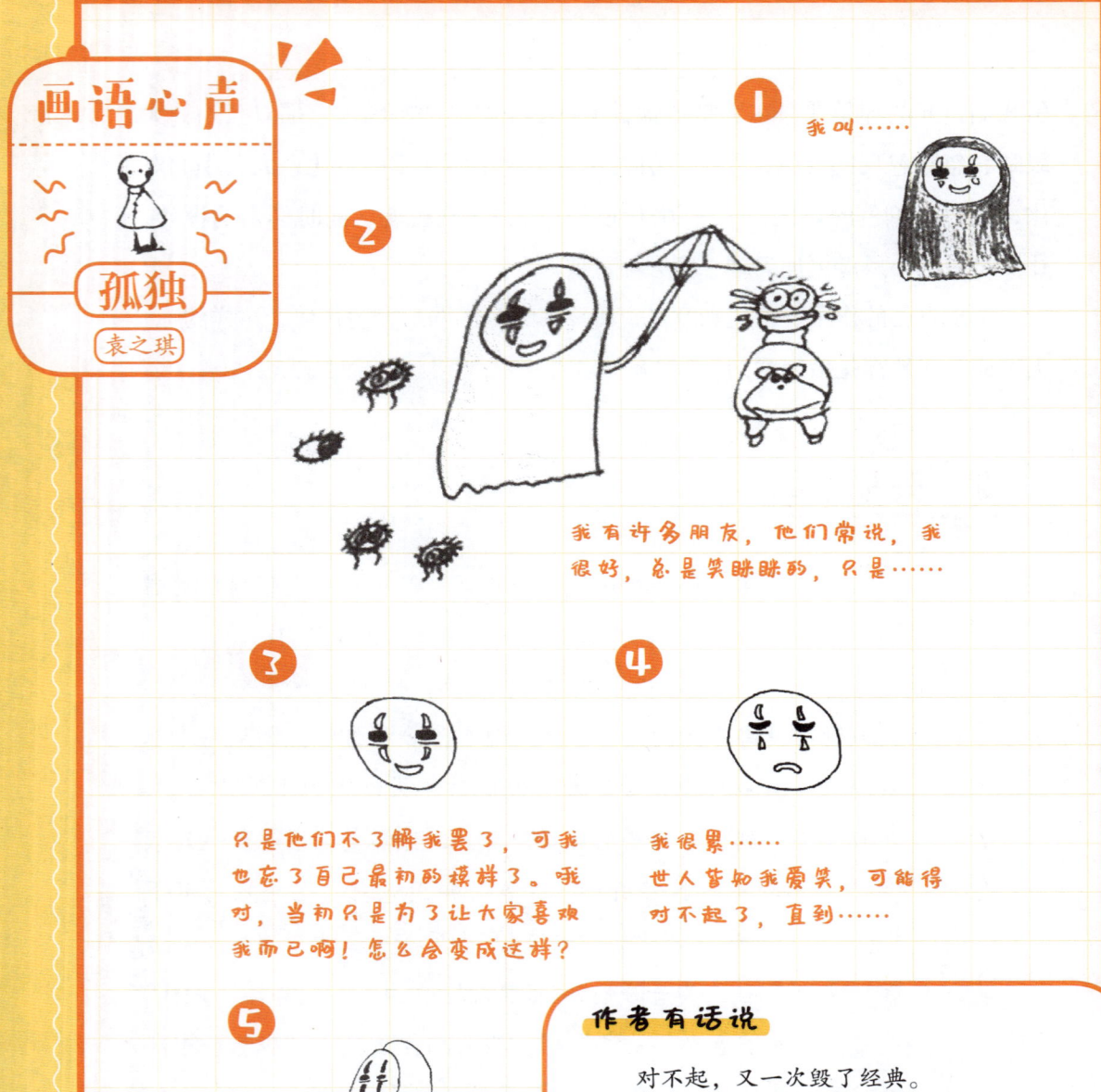

画语心声

孤独
袁之琪

1. 我叫……

2. 我有许多朋友，他们常说，我很好，总是笑眯眯的，只是……

3. 只是他们不了解我罢了，可我也忘了自己最初的模样了。哦对，当初只是为了让大家喜欢我而已啊！怎么会变成这样？

4. 我很累……
世人皆知我爱笑，可能得对不起了，直到……

5.

作者有话说

对不起，又一次毁了经典。

选择无脸男作为主角，主要是因为那张面具，一直戴着面具生活很累、很孤独，这是一个无关爱情、友情的故事，主要是想让大家知道：对于那些麻木、绝望的人来说，只是需要一点点爱，真的，一点点就够了……

这是一位初中孩子的画语心声，黑白的色调、反差的情绪变化，让人隐隐忧伤，特别是那句"我很累……"，道出了孩子多么真实的无奈和无助，孤独的氛围弥漫纸间。

家长们希望孩子能够成为自己所设想的完美的孩子，当孩子呈现出家长所想要的状态时，家长会关注、会看见、会开心。但当孩子没有呈现出家长想要的状态时，家长会失落、愤怒和伤心。孩子对于父母的感受永远是最敏感的，孩子们希望父母开心，希望被父母看见，于是压抑自我只是成为家长心目中的孩子。但这永远只是家长心目中的孩子，不是自然真实、不加任何修饰的孩子。当孩子成为不了自己时，再完美的状态也会让他/她觉得失落和孤独，让他/她感受不到爱，没有爱滋养的孩子又如何更好地成长呢！如上面的画语心声中所说，大家都觉得我很好，但我觉得自己忘记了自己，我觉得不好。就像盆景，按照主人的意愿和"束型"，可能它生长成主人所设计的造型，但最摄人心魄的盆景往往是自然生长的偶得而非人造的刻意设计。

给家长的话

在孩子"发现自我"的过程中,最需要也最为重要的就是我们家长的"看见",这是怎样的看见?又如何去看见?我们先来读个《没有》的故事,相信会给我们家长带来很大的启发。

> 你想看见"没有"长什么样吗?"没有"会藏在眼睛里,能看到事物背后吗?"没有"会藏在其他东西的缝隙中吗?……你视而不见的眼前?"没有"可能巨大无边,就像宇宙中星球彼此间的间隔;"没有"可能是音乐戛然而止你沉醉其中的一瞬间;"没有"还可能是天使从身边走过。没有多到数也数不完。

《没有》[丹麦]索伦·林德/著 [丹麦]汉娜·巴特林/绘 王芳/译 希望出版社出版

孩子的改变有时就像"没有"近在眼前,您有没有对他视而不见?

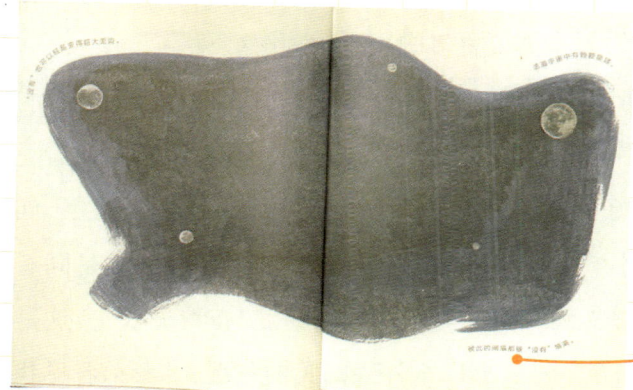

好像"没有"的改变中可能蕴含着巨大无边的浩瀚宇宙！

　　无论是孩子还是家长，我们往往会忽略"没有"的存在价值和意义，感受不到"没有"背后的巨大空间和能量。

　　孩子没有改变时，"没有"背后殷切的心理需求，看见了吗？

　　孩子没有变化时，此时的"没有"和那时的"没有"真的是一样的吗？是不是遗漏了"没有"缝隙中的变化？

　　孩子没有用时，此刻"没有"的定义是不是已经曲解了真正"没有"的内涵？

　　对于孩子而言，需要家长看到自己潜力无限的"没有"，而家长更需要具备看见"没有"的能力，试想如果"没有"都能够被我们家长看见，那还有什么不能够被我们所看见的呢？

　　生活中我们很多家长可能会有这样的体会，看见孩子犯错误、看见孩子没努力、看见孩子没有别家孩子优秀时，着急、难过、不甘心，着急地给孩子指正，要孩子快快改变，但往往事与愿违。明明看见了这些问题，为什么孩子就不愿改正、没有提升呢？因为这样的看见，并不是真正的看见。就像两块磁铁，只有接纳对方不同时，才能够越来越近，但如果一定要让对方变成你所想的那样，可能只会导致双方越走越远。

看见孩子，说起来容易，其实做起来需要更多的用心和理解。

看见，百度百科中的解释很简单，就是"看到"。解释中引用了《朱子语类》卷七二："我却不见雀，不知雀却看见我。"《二刻拍案惊奇》卷十二："朱晦翁看见山明水秀，凤舞龙飞，果然是一个好去处。"丁玲《莎菲女士的日记·十二月二十四号》："苇弟看见我笑了，便很满足。"三个例证都是在说"看见"，但又不是同一个"看见"，让人冥冥中好像能够感受到"看见"的不同韵味。"雀看见我"，这是雀的视力范围；"朱晦翁看见山明水秀"是看见山水外表的美丽状况；"苇弟看见我笑了"，苇弟为何而笑，不仅仅是因为看到我的外表存在，更是因为对于我的那份懂得和欢喜。所以如果用比较通俗的方式来作比的话，我们可以先用英文的"看"来理解，"sight、look、see"都有看见之意，但又不尽相同，"sight"侧重于生理上看见的能力，"look"是表面上的看见，"see"则是更进一层的看见，有了理解、明白的意思。再回到上面的三个例句，是不是有异曲同工的意味！

我们家长们请回顾一下之前和孩子间的点点滴滴，有多少是"sight"，有多少是"look"，又有多少是"see"呢？就像玩游戏的通关打怪，如果仅是前两层，那么还不足以降服"妖魔鬼怪"，只有到达了最高境界的"理解和懂得"，这才能消除一切的艰难险阻，之前可怕的"妖魔"会主动卸下"盔甲"，展现出"温柔美丽又辉煌帅气"的一面，这哪里是"妖魔"，明明是"Super star"嘛！

真正看见孩子的本质，就是从心底认可孩子是一个存在着的人、一个独立的人和一个成长中的人。每个孩子都需要被看见。被看见的孩子，每一天都会被赋予亮丽的色彩和特别的意义，他们会建立更多与周围世界的积极联系。

那么，请我们的家长们尝试着从看见孩子的"没有"开始吧！

第2章
一起玩、是怪兽与一切有心
—— 同感与同理

"孩子，当别人不愿同你一起玩，你会怎么办？"

——不玩就不玩，那是他们的损失。
——不行，我就要和他们一起玩。
——算了！

"孩子做错了事，他们自己还气得咬牙切齿。"

——这种事情还会犯错，真的不应该！
——做错了事就要承认，就要改正！
——自己错了，还要生气，有什么可气的？

孩子成长的过程中如果能够时时同感，他们很多的问题和困惑将会迎刃而解。他们会用更温暖和坚强的心迎接周围的一切，同时在他们成长的过程中，更多的美好、理解、幸运也将不断围绕着他们。

同理心是一个人理解另一个人的关键，也是亲子有效互动的关键，当父母能够拥有足够的同理心时，亲子沟通的模式、亲子依恋类型的改变也就在悄然中发生了。

读与听

太阳出来了，可爱的小姑娘到草地上玩。她让蚱蜢和她一起玩，蚱蜢蹦走了，蚱蜢正在吃早餐。她让青蛙和她一起玩，青蛙也跳走了，青蛙正在捉蚊子。她让乌龟和她一起玩，乌龟游走了，乌龟正在晒太阳。小姑娘后面又遇到了松鼠、蓝松鸦、兔子、小蛇，但它们都走开了，没有一个愿意陪小姑娘玩。小姑娘失望地走到池塘边，静静地坐着，没有出声，这时蚱蜢来了，青蛙来了，乌龟、松鼠、蓝松鸦、兔子、小蛇都来了。小姑娘仍然静静地坐着，不出声音，她知道了，这样小动物们才不会被吓跑。最后，连美丽的梅花鹿都来了，她放弃了心中想一把抓住梅花鹿的想法，仍然没有动、没有说话，小鹿越走越近，近到伸出舌头舔小姑娘的脸颊，这时的小姑娘好快乐啊！

《和我一起玩》[美]玛丽·荷·艾斯 文/图
佘治莹/译 河北教育出版社出版

原本对小姑娘不理睬的小动物们，为什么后面都来到了她的身边了呢？甚至连最小心翼翼的梅花鹿都过来舔舔小姑娘的脸颊，是小姑娘特别做了什么吗？好像什么也没做——"静静地坐着，没有出声"，但又好像做了很多——"给小动物空间，让小动物们感受，贴近小动物的体验，关心小动物们的想法"。

这可能就是"无声胜有声"的最佳诠释了吧！

无声中包含着千言万语,无声中有着千丝万缕的联结,小动物们需要的是什么?小动物们喜欢或害怕的又是什么?此时此刻,小动物们又希望朋友做的是什么?

"无声"中小姑娘放弃以"自我中心"的需求和行为,开始感受小动物,同感小动物,于是"无声"中小姑娘更加理解了小动物,"无声"中小姑娘也收获了多份珍贵的友谊!

说与写

画面中画了哪些东西?他们相互之间又有怎样的联系?细细品一品画面中的细节,你最喜欢哪里?为什么呢?

这个小姑娘静静地坐着不出声,小动物们陆续都来到了她的身边,甚至连之前没有露面的梅花鹿也悄悄来到这里。

画面运用中景的镜头,突出小动物们和小姑娘之间的互动关系。画面下方的栅栏运用不完整的间断线条赋予了整个画面以动感,对比画面主体的静态，凸显了静中有动。虽然大家都是静静的、观望着的，但是大家的内心又都是欢快的、试探的、眺望的。

乌龟回头沉静地看着小姑娘，松鼠边吃着橡子边好奇地看着小姑娘，青蛙坐在小姑娘的旁边眺望着河面，小鸟落在小姑娘身旁的树枝上唱着歌……微笑着的太阳将阳光洒向大家的身上。还有什么比同感带来温馨、有趣、活力更有能量的呢！

联结旋律

有研究表明，人类从出生开始，当婴儿们听到另一个婴儿哭的时候，他们就会表现出明显的不高兴；几个月的孩子看到其他孩子哭的时候，他们自己也会哭；小小孩子看到父母流眼泪，也会擦拭自己的眼睛。尽管孩子们从出生就拥有了基本的同感能力，随着后天环境经验的影响，同感能力还是会得到强化和巩固，也会削弱和淡化。

"同感"看似很抽象，但其实它实在又丰富。不需要过多刻意的举动，只需你思考对方的处境，真切地体会对方的感受。不需要刻意地怜悯对方、同情对方，也不需要强迫自己同意对方、认同对方，只需感同身受即可。

感同身受，需要从"感"开始，而如何去"感"，需要在相同的环境中静静体味，抛开已有的想法和评价，抛开之前的感受和情绪，只要单纯和满满的"感"。在这样的"感"中才能促发真正的"身受"。

所以有时在看似最没有做什么的"同感"中，往往会有意想不到的收获！

读与听

小罗遇到了一个大麻烦，那就是柯比老师。柯比老师会重重跺脚，会大吼大叫，会让课上扔飞机的同学不许下课。小罗觉得柯比老师就是怪兽。放学后，在公园里，小罗竟然碰见了柯比老师，小罗想逃又不敢逃，只能和柯比老师尴尬地坐在长凳上。突然刮来一阵大风，柯比老师的帽子被吹走了，在帽子快要掉入河中的那一刻，小罗抓住了帽子。柯比老师大叫："小罗，谢谢你，你真是我的英雄！"接下来，小罗带柯比老师来到公园里他最喜欢的地方，柯比老师给小罗纸，小罗用纸折飞机，折好的飞机在空中翱翔，柯比老师和小罗都觉得这是世界上飞得最棒的飞机。午餐时候，小罗和柯比老师道别，他们都很开心能够遇到对方。星期一回到了学校，柯比老师还是一样重重跺脚，大吼大叫，不过小罗已经完全不觉得柯比老师是怪兽了。瞧，柯比老师正表扬他呢！

《我的老师是怪兽》[美]彼得·布朗 文/图
杨玲玲 彭懿/译 长江少年儿童出版社出版

柯比是个怎样的老师呀？

　　大吼大叫，重重跺脚，不许这不许那，真是像怪兽一样可怕的老师！真不希望看到她，真希望离她远元的。

　　但是偏偏不凑巧的是，小罗碰见了在学校外的柯比老师，此时你是不是超级可怜小罗，怎么会遇到柯比老师，你是不是又很好奇，接下来又会发生什么令人头皮发麻的事呢？可谁知道，校园外的柯比老师完全变了一个样，哪里还是那个令人害怕又恐怖的怪兽老师，分明是一个温柔体贴的美女老师嘛。美女老师也有最亲爱的人，也有最在意的礼物，美女老师也会欢快地朝着鸭子"嘎嘎"叫，美女老师也会参与折纸飞机的活动，最关键的是美女老师还会那么真诚地表扬人。原来柯比老师是一个那么可爱、那么美丽又那么贴心的老师啊！

柯比老师到底是怎样的老师呢？

说与写

这个画面中你看到了什么？你感受到了怎样的气氛？

你在画面中发现了什么？请描述此时此刻的情景。

　　第一幅画中通过大小、距离、颜色的对比强烈地传递出令人恐惧和窒息的感觉。人物大小的对比关系让人感受到小罗的弱小和柯比老师的强悍，横跨页面的长椅两端让人更加感受到了距离的疏远，柯比老师黑青色的巨大面容和帽子上柔美的粉色小花形成了鲜明的反差，更加凸显了人物之间的格格不入。对于会重重跺脚、大喊大叫、不许学生下课的柯比老师，此时小罗心中只有害怕与拒绝，即使老师的脸转向了小罗，但小罗丝毫没有感受到老师的亲近，他的头发一根根像针尖一样竖起。

　　第二幅画，一样坐在长椅上的情景，一样的人物、一样的背景，传递出来的却是完全不同的氛围和感受。在小罗对柯比老师有了更多了解和同感后，一切都变得不一样了。师生之间的距离更近了，老师的面容更美了。虽然小罗和柯比老师都是面朝着前方,但纸飞机的朝向已经表明了小罗对老师的主动接纳,以及和老师之间心意的联结,这是一架可爱的纸飞机也是师生之间的互动桥梁。小罗还是那个竖着头发的小罗,但这时你有没有发现这已经不是竖着像针尖一样的头发了,而是竖着柔顺、漂浮的头发,充满了想象和动感!

联结旋律

每个人都有不同的角色,在这一角色中的行为有时会让其他角色中的人感到困惑。我们可以尝试着在对方走出角色时,去观察和感受,这时你可能会有很多与之前不一样的发现。当对方走出角色我们收获了更多发现后,我们可以再走近对方角色,这时你会从对方之前很多令人费解的行为中找到清晰的解答和更多的理解。这就是不露声色的同感,而它的力量却是显山露水的!

在我们的生活中,会遇到形形色色的人,我们会觉得有的人可爱,有的人讨厌,会特别喜欢和某些人说话,又会特别害怕和另一些人相处。我们可能希望身边都是可爱的自己喜欢的人,真实的境况却往往难以如愿。讨厌的人就在身边,害怕的人还必须要每日相处,怎么办呢?如果一直讨厌,一直害怕,那自己只会在消极的情绪中度过每一天，当然这个每一天都是自己所不愿度过的。我们在觉得这个人讨厌的同时，有没想过她/他的令人讨厌源自何处，因何而生？有没有去找机会看一看她/他另外角色中的一面？有没有尝试着以对方的方式去看、去想、去行动？

　　我们常说人是最特别、最有个性的，在特别和个性之余，人和人之间也是最为相像的。在人际关系中，无论是亲子、师生，还是朋友、同学，多去看一看人们在不同角色中的表现，多去感受一下对方的心态，你也许会发现身边又多了一个可爱的、喜欢的，又好相处的人！

画语心声

黑熊的朋友是谁

朱慧

1 大黑熊没有朋友，所以他想找一个最好的朋友。

2 他找了小白兔。"不行，你太大了！"小白兔说。

3 只是他们不了解我罢了，可我也忘了我最初的模样了。噢对，当初只是为了让大家喜欢我自己啊！怎么会变成这样？

4 一只蜜蜂，愿意和黑熊做朋友。

5 他们经常在一起玩。

6 他们互相帮助。

7 他们也需要帮助，也需要朋友。

所有动物都成了黑熊的朋友。

黑熊想找朋友，可是小白兔说黑熊太大了，其他很多的小动物也都觉得不行，黑熊虽然难过，但是没有放弃，终于等来了小蜜蜂。小蜜蜂没有首先从自己的角度出发，而是站在黑熊的角度，感受黑熊对于朋友的渴望，于是两人成为好朋友，互帮互助。慢慢地，身边的小动物们也都发现其实自己是需要朋友的，需要像黑熊和小蜜蜂那样互帮互助，于是他们都和黑熊成了好朋友。

这是一位可爱的小女孩创作的一个可爱的故事，黑熊的朋友不是小蜜蜂吗？为什么题目却是"黑熊的朋友是谁"呢？这就是作者的巧妙心思了，只要能够同感，拥有同理之心，不是都能成为朋友？

能够同感的孩子，会发现周围世界更多的五彩缤纷，更多的美好和善意围绕着自己，就像画面中的背景由原先灰色的单点慢慢变为了洒满温暖的五颜六色的点。

我想每一位家长都希望自己孩子的世界闪耀着更多温暖而亮丽的星星，那么这些星星从何而来呢？家长们如果在生活中能够始终保持以同理心看待孩子，理解孩子的感受和认知，回报家长的将是更有同感、更加快乐、更加自由、更有力量、不断创造奇迹的孩子。

"所有的动物都成了黑熊的朋友"，这难道不是一个奇迹吗！

给家长的话

同感和同理心就像亲密互动的家人。自我感悟、环境引导是可以不断地增强孩子的同感能力的，还有一个不可忽视的关键因素那就是家长的同理心。家长的同理心是孩子同感能力的萌发源和增效剂，同理心是亲子关系维系的重要桥梁。

如何同理？每个家庭都不相同，具体的行动步骤也会不同，无法穷尽，但是生动地理解和感受"同理"，这是进行有效同理行为的关键基础。那就让我们来看一看这个故事吧，用心感受故事中的节奏和情绪，可能会获得更多与同理心有关的理解。

> 独自一人骑在马背上去散步的小姑娘，刚开始是胆怯的、担心的。当听到路上人们的问候，她渐渐放宽了心。微风吹来，静悄悄的氛围中，她听到自己"怦怦"的心跳声，突然深刻地感受到自己有一颗跳动的心。接着，她又渐渐地感受到驮着自己的大马，不紧不慢地走着，有一颗温柔的心；鸭妈妈带着小鸭，摇摇晃晃地走过来，那是一排蹦蹦跳跳、摇摇摆摆的心；还有许多更小的、看不见的小动物们都有一颗跳动的心。回家时，天已经黑了，但小姑娘因为感受到黑夜里的动物们都有一颗跳动的心，便不再害怕。温柔的大马，让人放心，跟着他就会找到家，而自己的心，回到妈妈身旁才会安心。

《一切有心》熊亮／文 马俐／图
华东师范大学出版社出版

"有心"的父母才会让孩子更有安全感，才会让孩子有更多战胜困难的勇气。

　　如同绘本的名称《一切有心》一样，同理不是对孩子简单的附和，也不是对孩子弱小的同情，更不是简单耽溺地给孩子所有。同理心应该是真正地从孩子的角度来体验世界，重新获得观点。这就要求家长尝试用孩子的视角去理解，从孩子的情感去体会他们的喜怒哀乐，最后真诚地关心他们的成长，不带有任何约定俗成的偏见和固有利益的要求。

　　同理心的内容看起来好像是我们每一位家长都会做的，但细细体会，它又是家长们最容易忽略或最容易走偏的。几年前，日本举办了一个特别的展览，邀请家长们置身展厅中感受这个巨大的房间，巨大的家具、巨大的桌椅，周围所有的东西都是那么巨大，甚至要拿起一个水杯都感觉困难，家长们纷纷表示像是到了巨人国，感觉到自己的渺小和无力。等家长们走出展厅后，展览的负责人告诉家长们，刚刚大家进入的展厅其实就是按照幼儿的视角模拟出来的一个展厅，刚刚大家在展厅中的感受就是幼儿平日在家的感受。听此一言，家长们一片唏嘘，最显眼的感受却最容易让人忽略。这些家长们，回去后还会嫌弃孩子动作太慢？抓个东西都抓不好？什么都害怕，动不动就哭鼻子吗？这其实就是一个让家长建立"同理心"的最佳展览。

曾有一篇网络热文《牵着蜗牛去散步》赚取了不少父母的热泪，是啊，上帝让父母牵着蜗牛去散步，不是让父母去催蜗牛、拉蜗牛、拽蜗牛、推蜗牛，而是让父母跟随蜗牛的脚步，感受蜗牛爬行过程中的一切，微风、鸟鸣、花香……这其实就是我们父母的同理心，没有刻意、静心感受、快乐跟随，让蜗牛慢慢爬行、满满成长，给孩子和自己留足时间和空间，一切美好都会跟随左右！

> 什么是"有心"的父母？是有着和孩子一样温暖、一样跳动节奏的父母。这样的"有心"会让孩子收获巨大的能力，即使在困境中，也能够勇敢向前。就如故事中所说："天已经黑了，但我不会害怕，因为黑夜里的动物们都有一颗跳动的心。"

第3章
房子、瓶子与蛋 —— 感恩与接受

 "孩子,你对现在的生活满意吗?"

——就这样吧,一般般。

——我如果能再多点零花钱就好了,这样就可以买我喜欢的游戏装备了;爸爸妈妈能让我少补点课就好了,这样就能轻松一些了。

——我也不知道满意不满意。

 "家长,您接受孩子现在的状态吗?"

——还行吧,但我觉得孩子其实可以更好。

——不行,没有小时候听话了,老是和我唱反调。

——不接受也得接受啊,孩子就那个样子了。

近在眼前，围绕身边，却忘了他们的珍贵和美好。

回首往昔，展望未来，却忽略了此时此刻。

有一把钥匙，会帮你打开这些忘却的记忆或忽略的感官，让你每一天都如沐春风，让你每分每秒都能感到踏实、自在和幸福。

读与听

一位老太太,独自住在一间房子里,她觉得自己家太小,实在是挤得慌。于是她就向聪明老先生求助,老先生让她把母鸡抱进屋,母鸡走进屋,下了个圆圆的大鸡蛋,还"扑棱扑棱"到处飞,把屋中的瓦罐也打碎了。老太太大叫:"两个更小了。"聪明老先生让她把山羊牵进屋。山羊"咩咩"叫,把窗户咬破了、鸡蛋也踩碎了,还坐在地上流着口水啃桌腿。老太太大声叫:"三个更加更加小了。"聪明老先生让她把小猪推进屋。小猪一进屋就把母鸡追,还打开食品柜,见到好吃的就往嘴里塞。老太太大声叫:"四个更加更加更加小。"聪明老先生又让她把奶牛赶进屋。奶牛一进屋就冲小猪扑去,还跳上桌,大跳踢踏舞。老太太大声叫:"五个那就一团糟。"这时聪明老先生让老太太把动物们陆续放出去,老太太突然感觉到房子开始变得宽敞,等所有的动物都离开后,老太太欢喜地觉得,自己的房子大得很呢。现在的老太太再也不觉得房子狭小、拥挤了,房子大得不得了呢!

《小房子变大房子》[英]朱莉娅·唐纳森/文
[德]阿克塞尔·舍夫勒/图
任溶溶/译 外语教学与研究出版社出版

房子还是那个房子,丝毫没有变化,可原先感觉很小很挤怎么现在会变得又大又宽敞了呢?其实是老太太的感受发生了变化,可为什么老太太的感受会不一样呢?

1到2，2到3，3到4，4到5，5又到1，这就是聪明老先生设计的巧妙轮回，轮回中让老太太重拾了自己的感受，重新感受一下自己所拥有的珍贵。

　　房子还是那个房子，当老太太开始用感恩的心去看、去住、去拥有时，拥有最好房子的老太太怎么能不欢天喜地呢！

说与写

　　画中有什么？让你感受最深的是画面的哪一部分？

　　请选取画面中的一个角色，来说一说这个角色所见所感吧。

　　站在房子里的老太太是一个远景的角度，但是也是个最引人注意的角度，非常巧妙的仰角设计，让人第一眼就聚焦到房子和老太太，打开的窗户是分享和传递，红屋顶和周围的绿树相映成趣，视觉上有延伸之感，更加衬托出红顶小屋的温馨和宽广。聪明老爷爷的微笑和即将走出画面的动态显现了故

事结局的圆满和韵味的悠长。近景中动物呆萌的表情既增添了生活中快乐的气息，凸显了老太太的激动和欢乐，也暗含对于这种智慧的思考。

图下方四个伸出的动物们的头设计成了一个弧形，同样瞪大的眼睛，欲言又止的表情，可爱之余又表达了丰富的意味。让人忍不住要猜一猜他们心中在想着什么。

"哞－哞－哞，老太太的屋子，真得是不错啊，我老牛都能进得去。"

"咯－咯－咯，这个屋子布置得又漂亮又有序，真想就在屋子里做个窝呀。"

"哼－哼－哼，老太太如果让我一直待在屋里就好了，屋里有那么多好吃的东西。"

"咩－咩－咩，老太太真让人羡慕，我也想有间这样的屋子啊！"

联结旋律

动物们陆续进屋的同时老太太也在逐渐失去原先所拥有的空间。失去尚知珍贵，获得更显价值。有时人们会对所拥有的，渐渐变得熟视无睹，就像是被施了"障眼法"，看不见就在眼前的东西，而去除障眼法最好方法是什么呢？那就是"感受失去，通过对比激发新感受"，老奶奶对"大"与"小"的感觉已经发生翻天覆地的变化，聪明老爷爷难道不是心理学家？经济学家？

如何保持生活中美好的感受不受"障眼"干扰？那就是时刻怀着一颗"感恩"之心。

感恩会让人们平日里的一些逐渐变得失衡和不合理的观念发生转变。

感恩会让人的心态朝着积极的方向转变，感受更多生活中的美好。

感恩之下，改变正在悄然发生。

读与听

戴尔先生有一间小木屋，我总是看见他从小木屋走进走出。对此，我很好奇。戴尔先生把我领进了小木屋，我看见屋中的架子上放满了各式各样的瓶子。戴尔先生告诉我，每个瓶子都装着一个自己最特别的记忆。他打开一个红色的瓶子，"这是我贴着窗户，望着去上班的爸爸……"他又打开了一个蓝色的瓶子，"这是我第一次看见我妻子的时候，她正在跳舞，穿着一件蓝色花边的大裙子……""这个高高的瓶子里面装的是我们为红桥学院在红旗杯中取得胜利而欢呼……"……最后，我们在角落里发现了一个还没有被打开的细长的瓶子，这里面装的是什么呢？戴尔先生从椅子上跳起来，打开瓶塞，对着瓶口大声喊道："就是今天啊！我要把今天的记忆装进这个瓶子里。"我和戴尔先生又坐回了椅子上，笑了起来。

《记忆的瓶子》 ［英］贝斯·苏珊/文
［英］凯蒂·潘蒙特/图 杨古/译 湖北少年儿童出版社出版

戴尔先生的小木屋中有着好多好多的瓶子,不同颜色、不同形状,最为特别的是这些瓶子都和过往的经历有关,里面藏着的都是经历中的特别记忆,瓶子的颜色和形状也在悄悄暗示着瓶中记忆的特点。

为什么戴尔先生发现"今天记忆瓶"时会那么兴奋?为什么那么激动地说要把今天的记忆装进去?我想戴尔先生除了觉得今天和小男孩一起分享回忆特别快乐之外,更重要的是当下经历的每一刻对于戴尔先生来说都是最有意义、最值得珍惜的。

不少人常常会"沉迷"于过往,当然美好的往昔,确实让人久久回味,痛苦的过往,也常会让人沉沦其中,可相对于放在角落差点忽略的今日,可能都已经微不足道,过好今日的每一刻,回味今日的成长,这可能才是最有价值的人生。

瞧,有了这份领悟,戴尔先生和小男孩坐在椅子上,是那么会心地笑起来!

说与写

戴尔先生正对着瓶子说着什么呢?

你最喜欢画面中的哪一个瓶子,你觉得瓶子里可能装的是什么记忆?

位于画面中央的戴尔先生和"今日"记忆瓶特别引人注目，今日记忆瓶没有特别独特的造型，没有璀璨的点缀，也没有五彩缤纷的颜色，但明亮的红色、简单而流畅的造型，在多与少、纷繁与简约的对比中显得那么夺人眼球。架子上五彩纷呈的记忆瓶彰显了记忆的漫长和丰富，戴尔先生的诉说和表情的喜悦让人感受到今日的难能可贵。具体而丰富的画面中其实包含很多抽象而哲理的韵味，横向瓶架与纵向人物，静态的瓶子与动态的诉说，无不凸显充实的人生以及特别要珍惜的今日。整个画面展现着悠长的联想和无限的张力。

这幅画面其实还有个特别的功效，那就是他可以作为一个有趣的类似"罗夏墨迹"的投射测量题，戴尔先生记忆长河的五彩瓶子可能也正唤醒着我们每个人的独特回忆。孩子说，大人听；大人说，孩子听，这是一份独特的体验，也是心与心的互动。

联结旋律

每一份回忆都弥足珍贵，每一个当下都最有价值。一个神奇的故事、一堆奇特的记忆瓶，让人回首了往事，更重要的是发现今日的可贵。

戴尔先生存储了过去每一个回忆的瓶子，为了让自己忘记事情的时候，还能回忆起这些美好。但储存记忆并不是为了一味的沉迷，而是在回味的过程中更加体会到今日的价值。相信有了这一趟和戴尔先生一起的记忆瓶"神奇之旅"，小男孩已经深深感受到"今日"的珍贵和难忘。

懂得发现今日的美好、珍惜今日的人,一定是充满了感恩之心的人。同样,充满了感恩之心的人,一定会把握住今日。

今日的每一刻无论是怎样的,都是值得记忆、值得回味,以及最美好的。感恩的人将拥有每个美好的今日!

画语心声

他长大了却又渺小了

龚赟昊

1 在森林里，长着一棵非常小的松树。每年圣诞节，周围粗壮的树都会被砍去做圣诞树。圣诞树被戴上漂亮的饰品，他羡慕极了，觉得那样比待在森林里强多了。

2 他拼命地吸收阳光，想要快快长大，可以成为圣诞树。周围的树都劝他不要这样。可是他无动于衷……

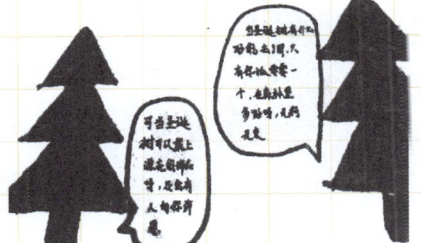

3 终于他长大了，不再是从前那瘦小的模样了。同年圣诞节，他也被如愿地砍去成了圣诞树。他高兴极了。

4 他被送进了一户人家。他们在他身上装饰了许多精致的饰品。他再也不是以前那个森林里的小树。

5 圣诞节之后，那户人家并没有留下他，而是把他放到了垃圾堆旁边，他孤独地立在垃圾堆里，伤心极了。他最后明白真正的生活不是漂亮的穿戴，而是森林里的无忧无虑。他虽然明白了，但此刻的他格外渺小。

　　这个初中小男孩笔下有趣的故事，道出无限的哲理。最后一句话，是男孩的感叹，更是我们多少家庭需要反思的问题。

　　如果一个家庭总是过度地在意外在的一些东西，那么很可能会忽略现在的感受和拥有的美好。小松树被圣诞树漂亮的装扮所吸引，被人们赞美、许愿带来的虚荣所吸引，所以他忘记自己所拥有的整片森林，忘记了在其中美好而自在的感觉。

　　家长如果不能接受孩子现在的状态，一味地拿自己和他人的标准要求孩子，其实无疑也是在不断诱惑着孩子被表象的东西所吸引，无法获得真正的成长。希望每个家长和孩子都能够感恩现在，接受现在，走向更美好的未来，不要做那个傻傻的自己！

给家长的话

很久以前，有三只母鸡：圆圆、琪淇、毛毛，她们都觉得自己最漂亮，于是她们找到国王让他来评价。国王说："会做什么比长得好看更重要，你们谁能生出最漂亮的蛋，我就封谁做公主。"圆圆生出一颗又白又干净的蛋，蛋壳像大理石一样光滑，国王说，这是他见过最完美的蛋。琪琪生出一颗连鸵鸟看了都会嫉妒的大鸡蛋，国王说这是他见过最大的蛋。毛毛生出了一颗四四方方的蛋，每一面都有颜色，国王说这是他见过最不可思议的蛋。最后圆圆、琪琪、毛毛都当上了公主，大家快乐地生活在一起。

《最奇妙的蛋》［德］赫姆·海恩 文／图
李紫蓉／译 明天出版社出版

国王决定圆圆、琪琪、毛毛都可以当公主，因为根本不可能在三个蛋中选出一个最奇妙的。也许大家会觉得这是个马虎敷衍、和事佬派的省事国王，但其实这是个思路清晰、英明派的睿智国王。国王给每个蛋都进行了最精准的定位和评价，不是一个比一个更好，而是每一个都是最好的。因为国王看到了圆圆、琪琪、毛毛用尽心力，去创造自己的作品，在这个过程中，没有攀比和嫉妒，没有紧张和焦虑，只有投入其中、坦然面对，只有对自己的信心满满，所以这些作品不是最奇妙的，还能是什么呢？

这是给我们家长的故事，家长在引导孩子去感恩、去珍惜当下每一刻的同时，是不是都能像这个国王一样，接受自己的孩子呢？"接受"是一个并不特别的词，其中却包含很多的特别情感和意味，接受的基础是客观，背景是欣赏，表现是所有。接受就是无条件、无挑选地接纳孩子的一切，包括自己认可的或不认可的，欣赏或不欣赏，喜欢或不喜欢，先接受孩子的一切，在接受一切后，会发现对于孩子又有了更多的理解，看见了更加生动、立体、鲜活的孩子。在接受一切后，再进行对孩子的引导，这时你会发现孩子的反馈会更加积极，过程会更加顺畅，引导会更加有效。因为接受孩子的一切之后进行的引导能满足孩子发自内心的需求，而对需求满足的渴望是人类的本能。

国王评选最漂亮蛋的过程其实就是我们每个家庭的日常。对于生出又白又干净蛋的圆圆，可能有的家长要说，是不是还能再大一点呢？生出又大又光滑蛋的琪琪，可能有的家长会对比说，光大有什么用呢？看看人家的蛋多好，又白又干净。生出彩色方方蛋的毛毛，可能有的家长要说，你生的蛋怎么是方的呢？这么怪！这可不行，赶紧研究怎么生出圆的蛋。

这有点像《渔夫和金鱼》的童话,渔夫太太的要求永无止境,有了好的,还要更好的。但这个世界上真的存在永恒的"最好"吗?

真正的接受是看到过程,国王看到了圆圆、琪琪、毛毛的尽心尽力,看到他们的努力创造,所以评选的标准在这个过程中已经发生了完美的改变。**"为孩子着想""希望孩子更好"**是我们家长的良苦用心,但不要让这些变成接纳孩子一切的阻碍,接纳中家长们会同这个国王一样,做出没有选择的选择,选出没有最好的最好!

接纳就是最有力量的信任,最有力量的信任往往会创造奇迹!

任何事情做到顶端，都是成功！

不管你是谁，只要尽自己所能，守一颗初心，向着自己的目标前进，这就是成功。

但是顶端是什么？

顶端没有一个度量标准，也没有一个最高限制，只要你有能力，这个顶端就会随着你而上升。你可以说完成一件小事情就是顶端，也可以是做一件震撼人心的大事，顶端会随着你的发展而不断上升，所以没有人能到达最终的顶端，因为顶端是不断生长着的。

所有人都有自己的优点和缺点，所以他的顶端和你的有可能有些不一，但这不是"好"或"不好"，这只是一个小小的不同而已，顶端是不可以比较的。

努力，你就能行！

——男孩吱吱

第 4 章
派克的小提琴、晴朗的一天与獾的礼物
——分享与给予

 "孩子，如果你有好玩的东西，会给别人玩吗？"

——如果是我的好朋友，我应该会给他玩的。

——我先玩好，不想玩了，再给别人玩。

——干吗要给别人玩？之前就有人把我好玩的东西弄坏了。

 "家长，您给予孩子的印象最深刻的是什么？"

——为了更好地陪他，我换掉了一个很有发展前景的工作。

——现在我所有的时间精力都给了他。

——我们经济不富裕，但在孩子的花费上从来没有不舍得过。

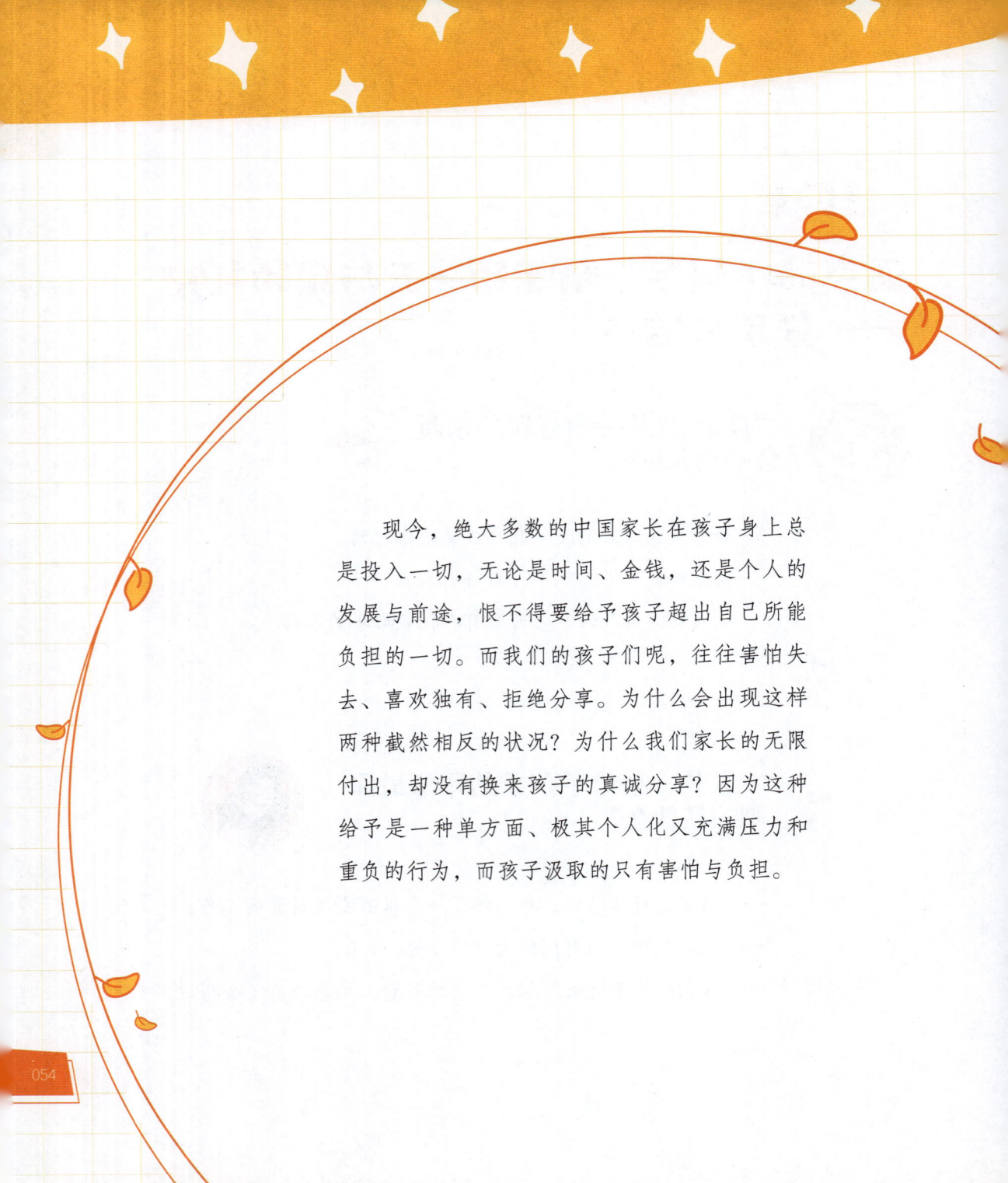

现今，绝大多数的中国家长在孩子身上总是投入一切，无论是时间、金钱，还是个人的发展与前途，恨不得要给予孩子超出自己所能负担的一切。而我们的孩子们呢，往往害怕失去、喜欢独有、拒绝分享。为什么会出现这样两种截然相反的状况？为什么我们家长的无限付出，却没有换来孩子的真诚分享？因为这种给予是一种单方面、极其个人化又充满压力和重负的行为，而孩子汲取的只有害怕与负担。

读与听

派克在集市上用自己唯一的一块银圆买了一把自己梦寐以求的小提琴。他坐在池塘边，拉了一首轻快的曲子，池塘里的鱼竟一条条跳出水面，变成五颜六色的飞鱼，还和着音乐唱起了歌。一对兄妹跑过来，派克又拉起另一首曲子，兄妹身上的蝴蝶结变得又大又漂亮。小提琴的音乐流啊流，树叶染上了各种鲜艳的颜色；鸽子身上长出了彩色的长羽毛；母牛身上的黑点都变成了彩色的星星；抽着烟斗的流浪汉烟斗里的火花竟变成彩色的烟火。每个人、每条鱼、每只鸟、每头牛都好开心。在路上，派克为愁眉苦脸的补锅人和他的太太拉起了小提琴，补锅人的病一下子完全好了，补锅人的马车也变了，补锅人和他的太太邀请大家坐上了马车，欢乐地一路往前。

《派克的小提琴》［英］昆汀·布雷克 文／图
李紫蓉／译 明天出版社出版

派克用唯一的一元钱买到了梦寐以求的小提琴，拿到小提琴后，他坐在池塘边，给兄妹拉琴，在林中、在牧场，一路走一路拉琴，琴声简直就是魔法，无论是动物、植物，无论是大人、孩子，琴声都给他们带来了美好的变化。

产生这些奇妙变化的原因是什么？派克高超的琴技？小提琴的神奇？可能都有但都不是最关键的，最关键其实是在这个过程中"分享"所带来的神奇。

因为分享，小提琴变得神奇，派克变得神奇，每个人都拥有了自己的神奇。分享改变了周围的人和事，分享带给派克无穷的力量！

说与写

看完画，请闭上眼，静心感受画面中传递的信息，你感受到了什么？你又想说点什么呢？

这是一幅充满了延展动态的画面，能让人用眼捕捉画面中的五彩缤纷与美好，用心体会优美的琴声、分享的传递、力量的增强。不断地渐进变化、延伸向前，一棵比一棵更高大的树木，震撼着人们的心灵。虽然没能画出所有的树木，虽然没让所有树叶染上鲜艳的色彩，但人们的心中已经感受到更多的悠扬悦动。派克和兄妹俩行进的步伐让人感受到流动的能量,三人微微上仰的脸庞,象征着传递和向往。画面中无不展现着分享的美好。

联结旋律

派克将优美的琴声传递给小鱼,小鱼收获美好的同时,也分享给小河;兄妹俩在拥有漂亮的蝴蝶结的同时,将漂亮的蝴蝶结分享给其他更多的人;树木在自身变得五彩的同时,也分享给大地和蓝天……

有时一个分享会带来N个分享,无穷无尽,就像浩瀚的宇宙,就像悠扬的乐曲,就像拥有无尽力量的纽带。

在分享中传递巨大的美好和能量,在分享中发现自我价值的同时也是让自我变得更加强大!

读与听

晴朗的一天，狐狸穿过一片森林，看见一桶牛奶，于是喝光了牛奶。这桶牛奶是一位老婆婆的，老婆婆很生气，砍下了狐狸的尾巴。狐狸央求老婆婆把尾巴还给他，老婆婆让狐狸用牛奶来换。狐狸去找奶牛，奶牛要用青草换牛奶。狐狸来到原野，原野要用水换青草。狐狸跑到小溪边，小溪要用水罐来接水。狐狸找到美丽的姑娘，姑娘要用蓝色的珠子换水罐。狐狸又找到货郎，货郎要用鸡蛋换水罐。狐狸找母鸡，母鸡要用谷子换鸡蛋。就在狐狸快要绝望的时候，好心的磨坊主听完狐狸的故事，给了他一些谷子，于是狐狸用谷子换了鸡蛋，用鸡蛋换珠子，用珠子换水罐，用水罐打水给草原，用青草换牛奶，用牛奶换回了尾巴，老奶奶帮狐狸把尾巴缝回原来的地方。

《晴朗的一天》［美］诺尼·霍格罗金 文/图
阿甲/译 河北教育出版社出版

狐狸不小心偷喝了牛奶，结果引发了一连串的事情，这就是连锁反应，讨要一桶牛奶的背后有着这么多的链接。说这个故事可能会感觉像在说绕口令，绕过来绕过去：狐狸找奶牛，奶牛让狐狸找原野，原野让狐狸找小溪，小溪让狐狸找姑娘，姑娘让狐狸找货郎，货郎让狐狸找母鸡，母鸡让狐狸找磨坊主，最后终于"谷子——鸡蛋——珠子——水罐——青草——牛奶——尾巴"，看似把嘴皮都要说薄的绕来绕去的情节，其实一直都有一条明晰的主线。

主角是老婆婆，是狐狸，还是磨坊主？其实这条主线才是事件的本质，就是故事巧妙设计的"讨要"。这可不是简单的讨要,这其实是一个无尽的分享,让人建立更多链接的分享,让人收获圆满的分享,这当然是"晴朗的一天"!

说与写

上下两幅画面有什么共通之处吗?撇开文字内容,你从画面中感受到了什么?

即使不知道文字的内容，仅仅观看两幅图画，也会感受其中渗透出的链接和流动感。第一幅画由远至近的传递，第二幅画又由近至远、无限延伸。其中处理得特别巧妙的是第一幅图中没有画完整的货郎，不是因为画面不

够，而是因为没有画完的部分出现在第二幅图中，这一细节的处理更加鲜明地传递了链接的紧密和流畅的氛围。同时第一幅画中右半边的画面，采用了近景和凸显的手法，背满货物的驴和灿烂的阳光，隐含着分享所带来的能量传递和聚集，也在不断增强"晴朗的一天"的背后含义。

联结旋律

链接的本意是指在计算机程序的各模块之间传递参数和控制命令，并把它们组成一个可执行的整体的过程。这个故事运用一桶牛奶巧妙而生动地展现了看似不相干的事物间的联系。

网络上曾流行过这样一个说法，通过六个人你可以找到世界上的任何一个人，听起来好像有些玄乎，其实这背后也是有着严谨的数学算法的，这就是"六度空间理论"。这其实是微软2006年做的一项调查研究的结果：每个人认识的人的数量平均值大约就是二十五个左右，但通过了六个人的分享后，可能就会建立超过六十亿个的链接。

世间万物之间其实都有着密切的联系，无论是蝴蝶效应还是多米诺骨牌效应。在大宇宙的能量气场之中，万物皆为一体。当感受到这份链接和流动时，个体会获得巨大的能量，就像这只小狐狸一样，被砍掉的尾巴也可以重新接上。

　　分享就是建立神奇的链接，能获得巨大的能量！

读与听

　　獾是一个让人依靠和信赖的朋友，他总是乐于帮助大家。但他已经很老了，他告诉朋友们，不久的一天，他会去到下面的长隧道里，请大家不要太悲伤。一天晚饭后，獾离开了大家，朋友们知道后非常伤心，大家都不知道没有獾帮助的日子该怎么办。春天到了，大家串门时说起獾还在的日子。鼹鼠说起獾教他怎样剪出了一长串鼹鼠的故事，现在他还记得当时的喜悦；青蛙回想起在獾的帮助下，在冰上迈出打滑的第一步；狐狸想起獾教会自己系领带，现在自己不仅会系各种各样的领带，还发明了很多系法；兔子太太说起獾把烤姜饼的独家秘方教给了她，还教她烤出兔子形状的姜饼……所有的动物们对獾都有一段特殊的回忆，獾教过他们一些事情，现在这些事情他们都做得好极了。积雪融化了，朋友们的悲伤也融化了，每当提起獾的名字，大家都露出了微笑。

《獾的礼物》［英］苏珊·华莱 文／图
杨玲玲 彭懿／译 明天出版社出版

獾只是一只普通的獾,但为什么小动物们都那么在意獾呢?獾虽然离开却永远留在大家的心中。

既然绘本的名字叫《獾的礼物》,那么獾到底给大家留下了什么礼物呢?又是什么样的礼物不惧怕时间的变迁,让大家能够一直恋恋不忘呢?

说与写

左图和右图中最吸引你的是哪一个画面?你觉得,鼹鼠从剪了一地的碎纸片到剪出一长串的鼹鼠,起关键作用的是什么呢?

左页的画面讲述鼹鼠剪纸的变化过程，运用了舞台圆形聚焦的小画面，右页的画面是獾教鼹鼠剪纸的定格画面，是一幅有背景、有人物、有情节的大画面。小和大，动和静既是对比也是呼应，带着人们主动融入这个过程之中。

如果你先关注到左页的第一幅图，你看到捏着一堆碎纸片不知所措的鼹鼠，第二幅图中拿着一长串剪纸满足又骄傲的鼹鼠，你在为他开心的同时也会急着想知道是什么导致如此大的变化吧！于是右图应运而至，答案在右图中缓缓展开。如果你先关注到右图，你会从獾的身上感受到，剪纸并不仅仅是生硬的手工技术的传授，更重要的是其中凝聚的情感和故事，坐在对面的鼹鼠已经深深感受到了这份情感，看着画面的读者也同样深深感受到了，于是再回到左图，鼹鼠的变化更加验证了导致这个过程产生变化的真正秘诀。所以说这是一个神奇的画面，无论是从左到右，还是从右到左来欣赏，都会让人觉得是那么自然与流畅、会心又感动！

教会鼹鼠剪一只鼹鼠，很简单，但鼹鼠永远只会剪一只鼹鼠。可如果教会鼹鼠用心琢磨，剪出自己的故事，那么鼹鼠将会剪出越来越多的精彩。

联结旋律

我们的孩子和家长，此时你是不是已经感受到了獾的礼物的神奇和巨大价值了？

教鼹鼠用剪刀？

不仅如此，他教鼹鼠的是怎么剪出自己的故事。所以，到现在鼹鼠还记得当时的喜悦。

教青蛙学滑冰？

不仅如此，他教青蛙的是怎样勇敢地迈出第一步，所以，到现在青蛙一直是滑冰的勇者。

教狐狸系领带？

不仅如此，他教狐狸的是如何更好地观察和运用，所以，到现在狐狸发明了各种各样的系法。

教兔太太烤姜饼？

不仅如此，他教兔太太的是如何用心做出独特的配方，所以，到现在兔太太烤出了自己专属的兔子姜饼。

…………

这些礼物太珍贵，并且永不过时，一直会闪耀着熠熠光彩，因为这些礼物蕴含了无价的"成长动力"！

画语心声

礼物

张皓云

今天是我妈妈的生日,我的妈妈很漂亮,她有一双美丽的眼睛,我认为她是最棒、最伟大的一个人。

我想送一件最美丽的礼物给她,可选什么好呢?衣服?裙子?还是玩具?我想把最好的、独一无二的都给她。

我在路上边走边想,我走到了一个沙滩上,看见了一只美丽而又稀少的贝壳,我打算把它送给我的妈妈。我回到家后,拿出贝壳送给妈妈,妈妈开心极了。

我低着头说:"也许一个贝壳作为礼物,太轻了。"
妈妈说:"也许不仅如此,你还把你走过的'路'送给我了呢。"
我和妈妈高兴极了。

以上的"画语心声"出自一位预备年级的女孩，寥寥数语，却触动人心。孩子朴素地描绘生活中一件事情，其中却透露出浓浓的真挚情感。

从出生开始，虽然孩子对于父母无法选择，但孩子对父母的爱，是没有任何外在附加条件和限制的。就像这里的皓云，她觉得妈妈最美丽、最伟大、最独一无二，所以希望把最好的和妈妈分享。最好的分享是什么呢？不是贵重物品，也不是很多爸妈们常说的"你只要听话，就是给我的最好礼物了"。当一个孩子愿意和父母分享自己的心情、发现和成长，这个不是最好的礼物还能是什么呢？美丽的贝壳就是这些宝贵分享的承载。

而这位伟大的妈妈不仅很好地感受到孩子这份珍贵的分享礼物，同时也给予了孩子另一份珍贵的礼物，那就是父母的认可、同感和喜悦，这是对孩子成长的鼓励，也是给予孩子积极生活的力量。

这里流动着的亲子联结让人深深震撼着！无论是孩子还是家长，这都是一份难能可贵的礼物。

给家长的话

对于孩子，哪个父母不是无时无刻在给予，想给予孩子最好的，想给予孩子更多的，那么什么是最好的？什么是更多的？

这好像是个无解的难题，因为给予的过程中孩子会拒绝，孩子会嫌少，孩子会没有得到预想中的帮助。

那就再好一点、再多一点，但这些真的是对孩子最好、最多的给予吗？

我想以上的内容已经在触动我们家长进行更深入的思考了：给予孩子好吃好穿容易，但给予孩子感恩的心更加宝贵；教会孩子一项技能容易，但引导孩子建立思考的习惯和创新的思维更加有用。

所以给予孩子的应该是像獾的礼物那样，不是固定的物体，而是促进的动力！

第二部分

我们每一天的生活就是由经历事、理解事所构成的。而如何评价这一天的生活，往往是由理解事所主导的。

周末，父母推去所有应酬，放下工作，下定决心好好陪在孩子身边。

儿童A：爸爸（妈妈）这次愿花时间陪我，大概只是因为今天心情还不错吧！

儿童B：爸爸（妈妈）是喜欢和我在一起的。

今天，孩子不再偷看电视，偷玩手机了，准备好好地学习一下。

父母A：这孩子，太阳打西边出来了，估计也坚持不了多久？

父母B：孩子已经萌发了自我管理的愿望，这是成长。

如果你是家长，如果你是孩子，你更愿意对方是怎么理解事情的呢？A对于好的改变的发生，总是报以暂时的、怀疑的理解；而B则更愿意对改变的发生报以永久的、积极的理解。

这种理解其实就是当事情发生，人们所产生的对于事件缘由习惯性的看法，心理学对此有一个专门的定义，那就是"解释风格"。解释风格对人们的影响是贯穿终身的，一个人从出生开始，如果没有对此进行干预和改变，那它就会按照原来的面貌持续一辈子。"解释风格"可能是侵蚀个体和阻碍成长的"病毒"，也可能是保护个体和促进发展的强大的"免疫系统"。现今，无论是在青少年还是在成人群体中越来越多的躁狂、抑郁或其他情绪问题的出现，都与个体的"解释风格"有着密切的联系。

我们每个人的"解释风格"都具有"永久性""普遍性"与"人格化"三个特性，那么具体又是怎样的呢？接下来的"永久和暂时""一般和特别""内部和外部"将带我们进入解释风格的神奇空间，让积极的解释风格成为孩子

们自由、快乐飞翔的翅膀,让家长们能够更好地理解孩子,给予孩子最及时的鼓励、最坚实的抱持。所以,孩子和家长让我们一起在这里好好地了解、感受,并学会调适我们的解释风格吧,远离习得无助,让习得乐观伴随我们的生活!

第5章
讨厌黑夜的席奶奶——永久和暂时

 "孩子，你讨厌黑夜吗？"

——当然讨厌，每天都有黑夜，一到夜晚我就害怕，不敢独自一人。
——我不喜欢黑夜，但一天中还有大段光明的时间，在黑夜中想着光明马上来临，也就没那么害怕了。
——我没什么感觉。

 "家长，您喜欢光明吗？"

——喜欢，但是哪里会一直都是光明呀，总还有黑暗的时候。
——喜欢，我感觉自己很幸福，总是生活在光明之中。
——我没什么感觉。

以上面对孩子和家长的两段问答，虽然是不同的问题，回答中却有着很大的共性，如果让我们来猜想一下，哪个孩子和家长更像是一家人，你会不会觉得第一个回答问题的孩子和家长是一家，第二个回答问题的孩子和家长是一家，第三个回答问题的孩子和家长是一家呢？

在面对不好的事物和情境时，觉得这是永久的；而面对好的事物和情境时，又觉得这是暂时的，就像第一个回答问题的孩子和家长，这其实就是在"永久性"上典型的悲观解释风格者。相反，在面对不好事情和情境时，觉得这只是暂时的；而面对好的事物和情境时，觉得这会持久或永恒，就像第二个回答问题的家长和孩子，这是在"永久性"上典型的乐观解释风格者。

在我们的家庭中，成员的解释风格是会相互深深影响的，特别是对于刚刚启蒙或涉世未深的孩子。如果家长总是以悲观的解释风格应对，那么就很难想象孩子会是一个乐观的解释风格者。有时孩子嘴上说着乐观，但心底可能并不认可，或者索性就用麻木回避的态度来面对，就像第三个回答问题的孩子和家长。黑夜和光明谁是永恒？答案就在我们的心中！

读与听

小镇附近的山区里，住着一位席奶奶，她讨厌蝙蝠、猫头鹰、星星、黑影……说来说去，她讨厌黑夜。席奶奶想把黑夜赶走，她想用扫帚扫掉黑夜；想把黑夜装进麻布袋倒掉；想把黑夜煮成汤；想把黑夜捆成一捆；想像剪羊毛一样剪掉黑夜；想让老猎狗吃掉黑夜；……把黑夜放在烟囱里熏；用脚踩、用手打、挖土坑埋……所有的办法都试过了，但黑夜理都不理。这时候，太阳爬上了山顶，但席奶奶已经累得无心享受白天，她在床上睡着了，等黑夜再回到小镇，她又要和黑夜大干一场了。

《讨厌黑夜的席奶奶》［美］凯利·杜兰·瑞安/文 ［美］阿诺德·洛贝尔/图 林良/译 河北教育出版社出版

席奶奶将黑夜看成了永久，所以想尽办法要驱除黑夜，但是黑夜是不可避免的自然规律，于是用尽所有力量的席奶奶已无心享受白天灿烂的阳光，只能一次又一次在黑夜中醒来，一次又一次地驱除着黑夜，做着无法达成的事。

可怜的席奶奶，我们好想帮她一把，于是和她说："奶奶，您快休息休息，就不要驱除黑夜了。"这样可行吗？席奶奶可是一个有毅力、有目标、有追求的奶奶，轻易可不会放弃。那么是帮奶奶一起用脚踩、用手打、挖土坑埋吗？可能最终只是大家都累得气喘吁吁，却丝毫没用，在太阳升起时累得倒头大睡。驱除黑夜真得那么难吗？驱除黑夜可以实现吗？

也许驱除黑夜并不难，可能还很简单，不用那么大动干戈。您只需尽情享受白天的阳光,并深信黑夜只是暂时,黑夜之后必有光明。好啦,驱除黑夜的目标已经实现啦!

说与写

根据喜好选一幅画来说一说,画面上看到了什么?有什么样的感受?你觉得画面想告诉我们什么?看完这幅画你又想对自己说些什么呢?

并不复杂的两幅画面却呈现不同层次的含义:第一层,反差。颜色的反差(暗色与亮色)、画面和文字的反差,极具特色的反差让人忍俊不禁的同时也按下了思考的按钮。第一幅图中白天已经展露,黑夜即将渐渐逝去,此刻

的席奶奶却满是倦意，连身旁的小狗都是哈欠连连，没有丝毫的喜悦之情。席奶奶不是要赶走黑夜吗？她的目标不都要实现了吗？怎么她一点都没有觉察呢？第二幅图中灿烂的阳光铺洒大地，与"晚安"两字形成了巨大的反差，此刻不是白天吗？不是阳光普照吗？为什么文本下方却清清楚楚地写着"晚安"两字呢！反差中让人思考，思考中让人开始质疑席奶奶对于黑夜的理解。

第二层，无助。这种无助感是隐含在有趣的画面之下的，好似卓别林大师的黑色幽默，让人笑中带泪。黑夜是真的无法驱赶，还是因为对于黑夜永恒的悲观理解呢？席奶奶在觉得黑夜是永恒的同时，其实也是认可了黑夜永远无法驱赶。就像阳光万丈下的小屋却显得异常的孤单，门里的那一抹黑色，就像幽深的黑洞，让人抑郁。

联结旋律

试想，如果将黑夜比作人生中的困境，你觉得它是永久的还是暂时的？有人可能会说用黑夜作比，那当然是永久的喽，因为白天过后肯定就是黑夜，每天都有。但也有人会说，肯定是暂时的，因为黑夜后必将是白天，黑夜不会一直存在。

那么故事中的席奶奶是把黑夜当作是永久，还是暂时呢？看着她拼劲全力、想尽办法一定要把黑夜驱除，她内心一定是把黑夜当作永久的存在，所以一定要让它消失。

生活中，人们面对发生的事情，通常会有以下的四种表现：

	好事	坏事
永久	A	C
暂时	B	D

面对好事发生，觉得是永久的（A型），觉得是暂时的（B型）

面对坏事发生，觉得是永久的（C型），觉得是暂时的（D型）

B型和C型的人，所拥有的人生词典常常会是这样的：

永久的（坏事）	暂时的（好事）
我是个一无是处的人。	老师就是这次对我好，过不了多久又会讨厌我的。
我什么都做不好。	这次只是侥幸，其实我还是很糟糕。
我没有这个能力。	都是因为别人的帮助才能完成这件事，否则我是没有能力完成的。
我总是紧张。	这会儿我不太紧张，等会儿又不知道要怎么紧张了。
我没法参加大的活动。	这次是因为活动太简单了，我才能顺利完成，否则我肯定不行。
一到重要的考试我就不行。	这次考试我没失常，看来就只能这一次了，下次又不知怎么样了。
我没法和父母沟通。	爸爸（妈妈）这会儿给我好脸色看，等会儿不知又会怎么整我。
我的朋友总会离我而去。	朋友现在和我开开心心地玩，等会儿可能就会离开我。

A型和D型的人，人生词典却是这样的：

永久的（好事）	暂时的（坏事）
我是有潜力的人。	这次没有入选，但总有一天我会发挥潜力选入其中的。
我是乐观的人。	现在我的心情很糟糕，但是很快就会好起来的。
我一向运气不错。	好朋友现在虽然不理我了，但误会终会有一天解开的。
我和父母的关系一直很棒。	爸爸妈妈虽然这次骂了我，但是他们还是爱我的。
努力总会有收获。	这次的努力虽然效用不大，但这是下一次更好的基础。
困难总有解决的方法。	这次的问题虽然带来一些损失，但这不是解决不了的，只要坚持，总能克服和解决。

你更喜欢哪一种词典呢？

这其实是"解释风格"的第一个维度——时间维度，也就是人们面对坏事发生，如果总是认为这是永久的、无止尽的，而好事发生时，却觉得这是暂时的、不可靠的，那么长此以往，会形成一种悲观的解释风格，而相反，则不断巩固乐观的解释风格。

带着不同的词典过生活是有着巨大差异的，一个总是好运连连、心想事成；另一个可能总是倒霉伤心、不知所措。不知道大家听说过"墨菲定律"没有？

墨菲定律的原句是这样的：如果有两种或两种以上的方式去做某件事情，而其中一种选择将导致灾难，则必定有人会做出这种选择。大家一定不愿意成为那个选择灾难的人，心想事成的最佳方法就是调整好解释风格，因为这是幸运或灾难的开始。

希望大家记住席奶奶的故事，认定好永久和暂时，千万不要在阳光普照的时候说"晚安"啦！

画语心声

寻梦之旅

金怡菲

① 从前,我幻想着自己能变成电影里的英雄,也曾向星星、月亮许过愿望,可我只有在画册里才能看到我变成英雄去拯救世界。

② 英雄没当成,反而在画画这条路上越走越远。同学们因为我的画而欣赏我,越来越多的人因为画画结识了我。

③

我从此喜欢上了画画,它成了我的陪伴。我依靠着画画,于是它变成我最可靠的能力。

④

其实一开始我有个超级大的兴趣——跳舞。因为妈妈说跳舞能拥有气质,有强大的气场。

⑤

但很快,这个兴趣就逐渐淡出我的生活,我没有太多时间去练习舞蹈。

6

在我努力找寻自己的兴趣时,画画找到了我,让我重燃希望。画画既是我的能力,也是我的兴趣。

7 自从结识了画画这个好朋友,我的生活越来越丰富,我的梦想也越来越明确——我以后想要当一名画家。

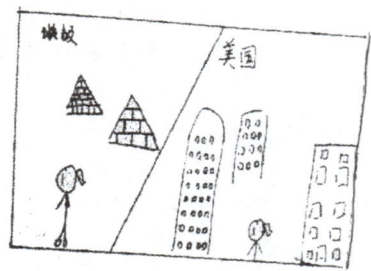

8 然后,我将前往世界各地去完成我的画……

9 我的画就能被世界各地的人们所认识。

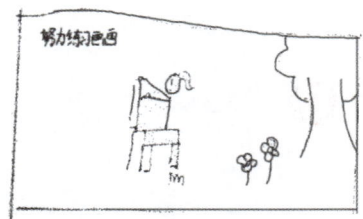

10 我也要为了自己的梦想做出努力!一有空闲时间我就要练习。

看完这个原创绘本故事，你能想象出这个小作者是怎样的一个小姑娘吗？风趣、幽默、阳光、自信，遇到困惑和问题时总能积极解决，开辟出一条新的道路，这个小姑娘将自己的生活过得生动。谁没个曲折探索，谁没个不如人愿，但她总能找到化解的方法，不仅对未来抱有美好的梦想，更重要的是在怀抱梦想的同时积极地展开行动，这是多么难能可贵呀！是什么让小姑娘拥有这么多难能可贵的品质、这么强大的行动力？发现了吗？这个可爱的小姑娘对于解释风格中的永久和暂时已经掌握得炉火纯青啦！小时候，想当英雄，虽然现实中不能实现，但这是暂时的。因为通过画画自己成为永恒的拯救世界的英雄；跳舞很好，但是没有时间练习，让人遗憾，但是这只是暂时的。因为自己还有一个画画的喜好呀，画画可以陪伴自己，自己可以依靠画画。画画是自己的能力，也是自己的兴趣。这是多么长久美好的事情呀！自己想成为著名的画家，在全世界巡展，虽然这些都只是梦想，只是暂时不能实现，但只要自己不断地练习，梦想总有一天可以达成。这些都是成就这位小姑娘积极阳光、内心充满能量的关键。有这样解释风格的孩子，不难想象她的家庭中通常呈现的是怎样的沟通状态。

给家长的话

看完上面的内容，我们有的家长可能会说："是否就是本着'好事是永久，坏事是暂时'的理念，就能拥有积极的解释风格？"听起来好像没有什么问题，但是在现实生活中，我们常常会发现只是这样简单地理解的态度根本不起作用，为什么呢？一是因为固有的消极解释风格经常会悄悄溜出，二是虽然嘴上说着"好事是永久，坏事是暂时"，但自我的内心并没有完全认可，充满了疑惑。这样的状态下，怎么会产生真正的积极解释风格呢？生活事件往往纷繁复杂，并不像书面应用题那样单纯，所以也做不到简单地用公式套一套即可。其中非常重要的一环就是我们的内心是不是坚信了"永远的黎明"。

这里希望我们每一位家长都能够时常、认真地读一读这本绘本，特别是在我们彷徨时、疑惑时、焦虑时、不知所措时。相信读完后会带给你不一样的感受和力量，"好事是永久，坏事是暂时"的信念也会逐层渗入你心。

世界不停在旋转，朝着早晨的方向，每天都有新的日出，即使夜晚黑暗又漫长。

但是哪里才是黎明开始的地方？

有人说黎明开始于山顶上，地球之上最高的地方……

但山顶并不是黎明开始的地方。

有人说黎明开始于树梢上……

但树梢并不是黎明开始的地方。

……………

那么哪里才是黎明开始的地方?

……………

《黎明开始的地方》［美］道格拉斯·伍德/文 ［美］K.温迪·波普/图 浙江少年儿童出版社出版

　　黎明开始在何方？最高的地方？最大的地方？最远的地方？最有文化的地方？……哪里都有黎明，但哪里都还不是黎明开始的地方，因为世界不停在旋转，每天都有新的日出，就像一个完整的圆环，哪里才是起点？

　　就像绘本这页上回眸的男孩，悠长又沉静的眼神已经告诉我们所有的答案。

不管是哪儿，只要有一颗热爱光明的心，那片土地就会充满希望。那颗心为每一个新新的日子感恩。在那颗心里，太阳时刻挂在天上，要把世界的每个角落照亮。要问黎明开始的地方到底在哪儿？答案就是——在你的心上。

这是一个美丽生动的故事，是一篇朗朗上口的诗，是一首悦耳动听的歌，更是一长幅精美绝伦的画作。在找寻到黎明永在这个答案的同时，希望我们的家长也能够时时把这个答案放在心上，因为只有放在心上，黎明之光才会时时照亮您的心间，也照亮您的家中。

　　在这里也推荐我们的家长在自己好好读的同时，也可以和孩子一起看一看、读一读，和故事中的主人公一起，找寻黎明的起点，迎接灿烂的每一天！

1. 背景音乐中，你一句我一句；
2. 看着图片，说着自己心中故事；
3. 闭上眼睛，听着文字；
4. 爸爸配乐，妈妈朗诵，孩子舞动；
5. 大家改编，写一写。

第6章
没有耳朵的兔子和两只耳朵的小鸡
——一般和特别

 "兔子没有耳朵而小鸡却长出耳朵会怎么样啊？"

——这简直是灾难呀，这不是怪物来临还能是什么？
——这是个特别现象，这是特别的兔子和小鸡。
——不大可能吧！

 "小鸡能够飞起来怎么样啊？"

——可能是在一个特别凑巧的情境中吧！总而言之，鸡应该是不会飞的。
——哇，我觉得小鸡就应该有这样的能力，它们有会飞的翅膀呀！
——不大可能吧！

上面两个问题的答案中有和你契合的吗？如果两个问题你都和第一个回答吻合，那么要告诉你的是，在"普遍性"上你可能是个悲观的解释风格者，面对不好的事情，总是觉得这是普遍的，而面对好的事情时，又会是觉得这是特定的、暂时的。如果你都和第二个回答相吻合，那么恭喜你，你在"普遍性"上是个乐观的解释风格者，面对不好的事情，觉得是特定的；而面对好的事情，认定这是普遍的。

"普遍性"是个空间上的维度，对于不好事情的特定性解释风格会让人们更好地认清状况，减少无助感，能够更快地振作起来。

同样是在某件事上受到不公正对待的孩子，悲观解释风格的孩子会认为所有的人都不公正，因此充满了无助感，所有的行动力消失殆尽；而乐观解释风格的孩子会认为只是在这件事上，只是这个特定的人不公正，这样能够更快地振作起来，找到更好的沟通和解决问题的方法。就如被老板解雇的员工，悲观解释风格的人会觉得我是个无用的人，从此可能一蹶不振，对自己丧失信心；而乐观解释风格者会认为我可能只是在这个领域不擅长，于是努力找寻新的方向，或是争取更全面地发展自己！

读与听

有一只没有耳朵的兔子和一只有着两只长耳朵的小鸡，他们是好朋友。小鸡觉得兔子什么都比自己强，自己再怎么努力也比不上兔子。兔子却说："你是小鸡，我是兔子，你一定有比我强的地方。"他们找其他的小鸡问，知道了小鸡会啄谷粒、会叼蚯蚓，长大后还会生蛋。两只耳朵的小鸡觉得这不够，他突然想起自己有翅膀，是不是还会飞呢？但其他的小鸡都说鸡是不能飞的。两只耳朵的小鸡觉得很沮丧，没有耳朵的兔子安慰他说："如果你特别想飞，你就一定能做到。"于是兔子和小鸡一起研究怎样才能飞起来，他们看了很多书籍，买了专业装备，进行了各种训练。终于有一天，两只耳朵的小鸡准备试飞了，结果却掉进了池塘里，在旁观看的小鸡们都哈哈大笑起来。没有耳朵的兔子用吹风机帮小鸡吹干，这时小鸡突然觉得自己好像飘起来了，没有耳朵的兔子灵光一闪，大叫起来，原来两只耳朵可以帮助自己飞起来。于是，扇动着耳朵的小鸡真得飞了起来，越飞越高。

《没有耳朵的兔子和两只耳朵的小鸡》[德]克劳斯·鲍姆加特 蒂尔·施威格/著 王星/译 接力出版社出版

表面上看，这好像是个说友情的故事，但仔细体味，并没有那么简单。有着两只耳朵的小鸡最终能够飞起来，最为关键的因素是什么？兔子的帮助？敢于挑战？勇于坚持？善于思考？这些都有，但这些背后有一个更为关键的线索——*"解释风格"*。

"你什么都比我强!我再怎么努力也比不上你。"

——"这有什么奇怪,因为你是小鸡,我是兔子啊!"

"大家都说小鸡是不能飞的,所以我也是不会飞的。"

——"如果你特别想飞,你就一定能做到。"

真正帮助到小鸡的是兔子帮他买的专业装备?是兔子给他制定的训练计划?还是兔子的奇思妙想?其实是兔子一直拥有的乐观的解释风格:能力不如别人,这不是全部,只是因为大家是不同的物种;大家都不会飞自己就一定不会飞吗?这不是全部,自己也许会做到。面对问题和困境时,兔子从来不会觉得就是全部,而是觉得这只是特殊情况,终究是可以克服的。如果没有这种解释风格,就不会有为飞做的努力,就不会有遇到失败也不气馁,在任何时候都能用敏锐的观察力去解决问题的思维,这才是真正帮助小鸡起飞的关键。

说与写

画面上画的是什么?你印象最深刻的是哪一部分?你来给小鸡和兔子配一配内心的独白?此刻你有什么想对自己说的吗?

  一样圆圆的眼睛、一样独特的造型，在这个画面中却让人有着不同的感受。小鸡背向大家意味着内心的逃避，在镜子中瞪圆双眼、手臂张开的形态，让人感受到不知所措，躺在地上挂着一根头发的梳子，也在映衬着小鸡寥落的心情。而兔子看似有着和小鸡一模一样的眼睛，呈现的感觉却和小鸡完全不同。镜子中小鸡瞪着的大眼，让人感觉盲目和焦虑，兔子的大眼睛却让人感觉到睿智和向往，为什么有这么大的差异呢？最为重要的是兔子内心积极的解释风格让他关注、理解小鸡面临的困惑，让他积极思考，心有对策。瞧，这不，兔子吃着胡萝卜，微微倾斜的身体，勾起的一只脚，这是面对问题时多么难得的轻松与强大啊！

联结旋律

  小鸡和兔子让人生动地感受到解释风格带给人生的变化。兔子是小鸡的好朋友，兔子更是在用自己的解释风格感染和帮助着小鸡。兔子的解释风格生动地呈现了另一个空间维度上的特点：坏事哪可能是全部，它只是特殊的一部分，而好事，是普遍的规律，必然会发生的。这哪里只是学会飞的技巧，更是面对人生的绝佳妙计。

如果将兔子比作家长，在引导孩子形成乐观的"解释风格"过程中，特别要注意的是：当孩子遇到困境时，告诉孩子，不要失望，要对自己有信心，要加油的同时，更重要的是要带领孩子面对问题，努力尝试，尝试失败也继续保持探索的意愿，不断地开拓思维、不断地优化行动，找到最佳答案的决心。

心理学研究表明，让孩子在没有"表现满意"基础上而学习"感到满意"，那只是一种口号式的、空中楼阁的呐喊，对孩子的自信没有任何积极意义。就如同亚里士多德曾说过的一句话："快乐不是一种可以与我们所作所为分开的感觉，快乐就好像舞蹈中的动作，不是舞蹈者在跳完舞后的感觉，而是将舞跳得很好时的一种不可剥夺的感觉。"所以，积极的解释风格并非简单地就是想想而已，它的不断巩固和增强是要建立在事实基础上。乐观面对现实，努力尝试，积极改变。

画语心声

长长和短短

徐利豪

1
短短是一条小蛇，可是身长比别的要短很多，没伙伴和他一起玩。他只能自己默默地离开了。一天，他爬到了郊外，这时他发现了一个大黑影。

2 一条比短短长几倍的蛇出现了，他们进行了一场对话。
"你是谁？"
"我叫长长，我是一条孤单的蛇。"
"我也是一条孤单的蛇。"
之后，他们慢慢成了一对好朋友。

3
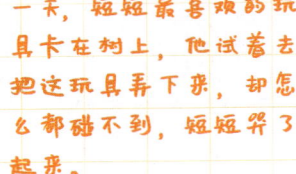
一天，短短最喜欢的玩具卡在树上，他试着去把这玩具弄下来，却怎么都碰不到，短短哭了起来。

4 这时长长过来了，帮短短拿到了玩具。
几天后，长长的足球滚入了小树洞里，可他进不去……

5

短短帮长长把球从小树洞里取出来。就这样，以后的每一天他们都一起玩耍。

　　长和短没有绝对，而处于长或短的状态更是没有绝对，如果把"短"看作就是一般的状态，而"长"只是特殊的发生，那么可能每一天你会体验更多的是"短"带给自己的失望和难过，但如果把"长"看作一般，"短"只是特殊，那么面对问题和困境时，可能会有更灵活的思路和更大的勇气。

　　当短短把"短"看作一般和全部时，他难过伤心绝望。当遇到长长后，他意识到自己的身长确实是特殊的存在，但"短"并不是自己的能力和状态，长长做不到的事情自己竟然可以做到，而长长也同样如此。于是他们不仅相互成为最好的朋友，同时还拥有了更多的朋友。短短遇到长长，共同经历一些事情之后，深刻认识到一般和特殊的内涵。

　　对于我们每个人来说，谁不想身边也有个长长一样的朋友，会在我们需要的时候立刻提供帮忙。对于孩子，家长们会理所当然地觉得他们就是短短，所以在孩子成长的过程中，家长们会很努力地扮演着长长的角色，但是现实中长长也有爱莫能助的时候，这时怎么办？短短如果只是哭泣、只是难过、只是郁闷，可能解决不了任何问题。这时，如果我们的短短能及时发现自己的特长和潜力，并展开积极的探索和行动，那么很多问题可能会迎刃而解。

其实，短短本身就有"长长"的特性，与其寄希望短短身边一直能有个长长，不如让短短发现本身拥有"长"的特质。充满信任地放手，让孩子去面对各种问题，不急于评价与指正，关注孩子在生活中点点滴滴的成长，在具体的行动中让孩子不断地增强对于自我的满意体验，让孩子体会、感悟真正强大的"一般"和"特殊"！

给家长的话

空间维度上的解释风格有两个关键词,那就是"一般"和"特殊",可不要小看了这两个词,当我们把它们放错地方时可能会给我们的生活带来非常大的影响。

什么叫"放错"地方?我们先来看两个例子:

例一:你和朋友吵架了,朋友说你很讨厌。

A 我是个令人讨厌的人。

B 这个朋友讨厌我。

例二:在舞会上,她说我很有趣。

A 她觉得我很有趣。

B 我很有趣。

看完上面的两个例子,找到其中的要点了吗?在面对不好的事情时,如果把它归结为普遍的,而遇到好的事情时,归结为特定的,就像 A 一样,那么你在空间维度上的解释风格就是悲观消极的。如果像 B,遇到不好的事情,觉得只是特定的,而遇到好的事情时,认为是普遍的,那就是乐观积极的解释风格了。

就像两只耳朵的小鸡和没有耳朵的兔子,如果小鸡和兔子像 A 一样,那么他们可能会觉得自己是怪物,就更不用说去发掘自己更多的潜能了。但庆幸的是,他们并没有如此。如果我们家长希望孩子能像两只耳朵的小鸡和没有耳朵的兔子一样,乐观快乐地生活,并且不断地提升自己的潜能,家长们首先要能够形成像 B 一样的思考模式。

为了让我们更好地记忆"一般和特殊""好与不"对应的最佳模式,我们可以借助一个有趣的绘本《糟糕,身上长条纹了》([美] 大卫·香

农 文/图 黄筱茵/译 河北教育出版社出版）。这个绘本主要说一个小姑娘很爱吃青豆，她却不敢在朋友面前吃青豆，因为她所有的朋友都不喜欢青豆。她很在意别人的看法，于是压抑了自己的喜好。因为她想一直成为"普遍"，而不是他人眼中的"特别"。小姑娘越来越焦虑，结果有一天她的身上突然出现五颜六色的条纹，而且这个条纹还会随着别人的要求和周围的环境而不断变化。终于有一天，一位慈祥的老婆婆解救了她，老婆婆用的是什么办法呢？老婆婆拿出了一瓶青豆，在小姑娘承认自己非常喜欢吃青豆之后，她身上的条纹也不翼而飞了。

一味要成为和大家一样的"普遍"，不见得是件好事，有时成为特别的自己倒也不失为一个不错的选择，因为这样会成就你更多好事的普遍。

当我们不论事情好坏，一味地要以"普遍"面对外界时，可能就会犯和小姑娘一样的错误。我们家长在对待孩子的态度上，更容易陷入这样的解释风格局面，别人都不吃青豆，别的孩子都学这个。如果承认我的孩子吃、我的孩子不学，那就是坏事。其实不然，可能在这个事情上，你的孩子成为特别，反倒是更有价值和潜力的事。

当遇到发生在孩子身上的好事和进步时，我们很多家长又会杞人忧天，陷入"特定"的思维之中，觉得只是暂时，可能又会反复，孩子怎么会一直都好？

在生活中，我们有无数个"一般"和"特殊"需要面对和经历，只要记住好事为普遍，坏事为特定，还有什么焦虑是不能化解的呢！

第7章
味儿——内部与外部

 别人指着你画的画,说:"这画的是什么呀,这可能是我看到的最难看的画了。"

——我没有画画的天分,怎么也画不好。
——今天画的这个东西有些复杂,我没有经验。

 别人指着你画的画,说:"这幅画画得真好呀,我特别喜欢。"

——只是刚好碰巧是他喜欢的风格而已。
——我在画画上还是很有天赋的。

生活中我们可能会遇到这样的两种人：一种是特别"自责"，遇到突发情况或没有做好的事情，首先怪罪自己，不论这些事情是不是因为其他的因素而导致，对自己的能力产生怀疑。另一种是特别"谦逊"，当你表扬或肯定他时，他总会觉得不是自己的功劳，是因为外在其他的因素。"自责"和"谦逊"其实本身并无好坏，但是在坏事情中一味"自责"，在好事情中一味"谦逊"，那就不见得是件好事情了，长期如此会让人觉得很憋屈，无法成长，这其实也是"人格化"意义上的悲观解释风格者的典型特征。

有一种人在他的身边，你总是能够感受到无限的自信和能量，会让人觉得如沐春风，这就是人格化的乐观解释风格者，就如以上情境中第二种反应，不好的事情发生时，更加维护自己的自尊和能力，觉得外在的因素也有一定的影响，自己还是可以东山再起的。而面对好的事情发生时，会更加肯定自己，为自己加油鼓劲，让自己变得越来越强大。

　　伊索寓言中的《狐狸与葡萄》的故事大家都非常熟悉吧！狐狸因为葡萄架太高摘不到葡萄，说葡萄是酸的。虽然狐狸因为得不到而说这个东西不好不是一种好表现，但是从另一个角度来说，狐狸在人格化上还是有些乐观和积极的，他没有因此对自己失去信心，否定自己的能力，再也不吃葡萄，而是虽然嘴上说着葡萄是酸的，但是心里应该已经在悄悄琢磨下次怎么才能更好地摘到葡萄了吧！瞧，狐狸现在不还是那么爱吃美味的葡萄吗！

读与听

雷蒙非常喜欢画画，可以在任何时候、任何地方画任何对象。有一天哥哥看见雷蒙画的画，大笑地说："这是什么东西？"哥哥的嘲笑让雷蒙很受打击，试着画一些看起来很像的东西，但怎么也画不好。几个月过去了，雷蒙放下了画笔，觉得自己完了。这时妹妹捡起一张被雷蒙扔在地上的画跑开了，雷蒙追着妹妹来到了房间，突然发现妹妹房间里挂满了那些曾经被自己揉皱扔在地上的画。妹妹告诉雷蒙这里有她最喜欢的画，但雷蒙觉得它们画得都不像，妹妹却指着一幅花瓶的画说："它看起来很有花瓶味儿。""味儿"这个全新的视角点醒了雷蒙，雷蒙突然觉得很轻松，充满了干劲，创意源源不断地涌现出来。雷蒙又开始不停地画身边的世界了，创作有"味儿"的画。雷蒙感觉棒极了。

《味儿》 [加]彼德·雷诺兹/著 邢培健/译
新星出版社出版

雷蒙为什么不会画了？为什么又会画了？"会"与"不会"的关键拐点在哪里？

哥哥做了什么？妹妹又做了什么？给雷蒙带来那么大的影响。"这是什么东西！"哥哥的一句话让雷蒙对自己的作品失去所有的信心，妹妹的一句"很有味儿"又让雷蒙找回最好的状态。是哥哥和妹妹的话产生的作用，还是其实就是雷蒙的心理产生变化呢？

"味儿"让雷蒙意识到自己对画画原有的表达方式，意识到是热爱让他的画变得与众不同、价值不菲，此刻的雷蒙感觉棒极了。

什么是有"味儿"的生活？是一种充满舒适、流畅、积极心理的生活感。怎么获得有"味儿"的生活，这就是我们解释风格的第三个维度——人格化。

说与写

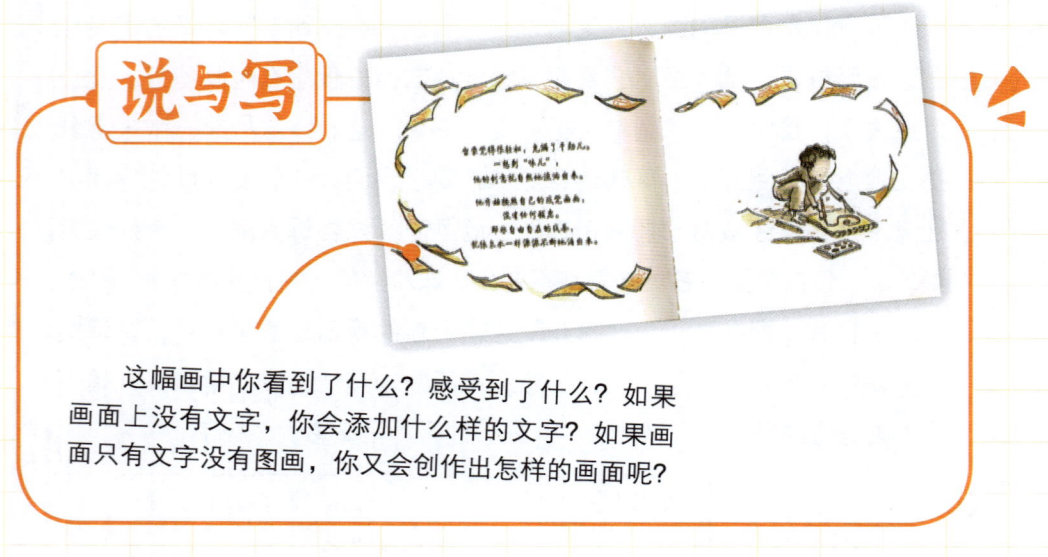

这幅画中你看到了什么？感受到了什么？如果画面上没有文字，你会添加什么样的文字？如果画面只有文字没有图画，你又会创作出怎样的画面呢？

旋转飘动的画纸让人感受到雷蒙心中源源不断的艺术之流，蹲在画面右下角画画的雷蒙正好成为流畅线条的源头，更加具有动感和延伸性。雷蒙的眼睛虽然只是小小的一点，但脸部嘴角的线条已经让人感受到雷蒙内心的自在与喜悦。

雷蒙正在画纸上画着什么呢？是惟妙惟肖的图景吗？不是的，好像只是一个绕来绕去的S型。这是什么？这像什么？此刻我们应该感受的是雷蒙在创作时流露的热爱与激情，感受图案中传递的向往和积极能量！

联结旋律

喜欢画画，任何时间、任何地点都画着自己想画的东西，这是多么美好的体验。可别人的一句"这是什么东西"就将这份美好的体验打得粉碎。突然觉得自己完了，突然什么也不想画了。这句话有这么大的杀伤力吗？真正有杀伤力的因素其实在雷蒙的心中，是心中那个不恰当的人格化解释风格让他失去所有的能力和动力。

画得不像——画得不好——画不了——整个人都完了，遇到了问题，首先怪罪自己，质疑自己的能力，结果只会让自己感到愧疚、羞耻，最后放弃自我。

妹妹捡画和贴画是一个契机，最为关键的是雷蒙认可了"味儿"这个理解。此刻雷蒙的解释风格已经悄然发生改变，画得不像，但是画得有味儿，画得不像其实并不是不可饶恕的问题。对于画者来说，画得像不像可能只是初级的阶段，有无意境才是高等之阶。回顾绘画史上的名匠，不难发现画得最像的画并不是他们的巅峰之作，反倒是一些我们可能乍一看不太懂，但越看越有味儿的画才是最佳代表作。这些是画本身的力量更是画作者内心的力量！

再和大家说个有趣的故事，还是前面的那位作诗的吱吱男孩。在他五岁时，每周五，幼儿园都要小朋友们背诵古诗，一次周四晚上吱吱因为沉迷于军棋游戏，把这事忘了。周五早晨，全家突然想起此事，在吱吱刷牙洗脸的时候，赶紧找了一首古诗大声地给吱吱读了几遍，慌忙之间吱吱也不像以往一样跟着朗诵，只是等脸洗完后，吱吱突然将这首古诗缓缓背了出来。在全家大为吃惊之际，吱吱也瞪大了眼睛大呼道："难道我是神童啊！"笑得全家前俯后仰。之后吱吱再也没有忘了背诗，最为关键的是吱吱的复述和背诵能力一下子比以前提高了许多。其实吱吱和雷蒙一样，当他们有了对自己内部认定的积极解释风格，潜藏在身体中的潜能一下子就被激发了起来，紧接着就会发现生活中一个又一个自我创造的奇迹。

画语心声

我想吃一头大象

刘翌君

从前，有一个喜欢吃香蕉的猴子。

他夜以继日地吃着。

突然，有一天，他吃腻了香蕉。

他想吃一头大象。

猴子来到一片大草原，看见一头大象。

猴子凶狠地张大了嘴。

却被大象逗得很惨。

 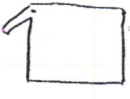

于是，猴子说："等我强壮后再去吃大象。"

简单又有趣的故事，小猴竟然想吃大象，自不量力？不，这可是一只聪明绝顶的小猴，因为他深深地懂得外部与内部的关系。他有勇气改变自己的生活，在改变过程中遇到逆境时，没有怨天尤人，立马洞悉了事情的本质，那就是让自己变得更强大，就一定可以实现。谁说小猴不能吃大象，到时可能还会做出比吃大象更震惊的事呢！

　　生活中我们有很多想做的事，有许多的梦想，一旦遇到挫折，很多人可能就会怀疑或放弃，怀疑自己可能是好高骛远，放弃曾经激情满怀的梦想，波澜不惊的生活也就让人生失去了很多亮丽的色彩。就像这个小猴，想改变自己的状态，想做更大的事情。此时的小猴可能还没有完全具备做更大事情的能力，因此被大象逗得很惨，但是他并没有质疑自己，没有放弃，而是让自己变得更有目标和动力，不断前进，这得益于什么？当然就是小猴的积极解释风格，对自己始终保持着充足的信心，能够客观看待和区分周围的环境，用一句大家最熟悉的古语来说，那就是"不以物喜，不以己悲"。

给家长的话

第三个维度人格化的解释风格，看起来很抽象，却无时无刻不渗透在我们的生活之中。如何让孩子能够拥有人格化维度的积极解释风格，可能仅仅靠家长嘴上的说教是永远不能实现的。这时我们家长在教育孩子时的心态起着重要的作用，它在悄无声息，也在源源不断地影响着我们孩子人格化的解释风格。下面我们就来看一个绘本，在这个绘本中可能会给家长更多更好的启示。

静谧的夜晚爸爸带孩子去看哈雷彗星，孩子从爸爸那里知道了哈雷彗星要很久很久才能经过地球一次。孩子有很多很多的问题要问哈雷彗星，想着想着，就进入了梦乡。在梦中他见到哈雷彗星，并和彗星进行了愉快的对话：

"请问你要去哪里？"

"噢，我一直在宇宙旅行！"

"我觉得你长得有点像牙齿。"

"是啊，宇宙是个超级大嘴巴，我就是宇宙掉了的一颗小乳牙。"

"为什么你发出的光会那么亮？"

"因为我储存了很多记忆。"

"什么记忆？"

"你们看着天上的星星时说的话、许的愿，就是让我发光的记忆！"

…………

爸爸温柔地看着孩子："带他来看哈雷彗星，竟然睡着了……""他梦见了什么吗？"

孩子醒了，那颗快要掉的乳牙也掉了，孩子告诉爸爸他做了一个梦，但是梦的内容是个秘密。

《宇宙掉了一颗牙》郭奕臣 / 文 林小杯 / 图
北京联合出版公司出版

爸爸带着孩子去看难得一见的哈雷彗星，孩子竟然睡着了。您觉得可惜吗？难得一次，精心准备，但孩子竟然什么都没看着！您是不是内心郁闷，怒火即将燃起呢？

看完绘本，你一定知道这位爸爸的反应。他没有纠结在孩子睡着了这个点上，而是想着"孩子在梦中梦见了什么呢"。

睡着的孩子没有看到哈雷彗星就真的没有收获吗？当然不是，孩子的收获可大了，在梦中他和哈雷彗星进行了对话，他知道了宇宙的浩瀚和广阔，他知道了过往经历的珍贵和美好，生命中的每一刻都是发光的。孩子掉落的那颗乳牙，不正是孩子获得成长的印记吗！

这其实就是亲子互动中最高境界的一种反馈："我尊重你的选择，我关注你的动态。"

如果孩子能够在亲子互动中常常处于这样境界的反馈中，想让他没有积极的解释风格都难。

下面就请我们的家长带着孩子从这个小互动开始吧：

1. 看完这个故事，第一反应你想到了生活中的什么事情？当时你的感受是什么？如果换作现在的你呢？

2. 曾几何时，想做却没有完成的事或者差一点点就成功的事，现在想一想，是不是就是真的没做成或真的没成功呢？

3. 试一试，生活多一些尊重，少一些必须，多一些动态、开放式的关注，可能会有更多有趣的发现哟！

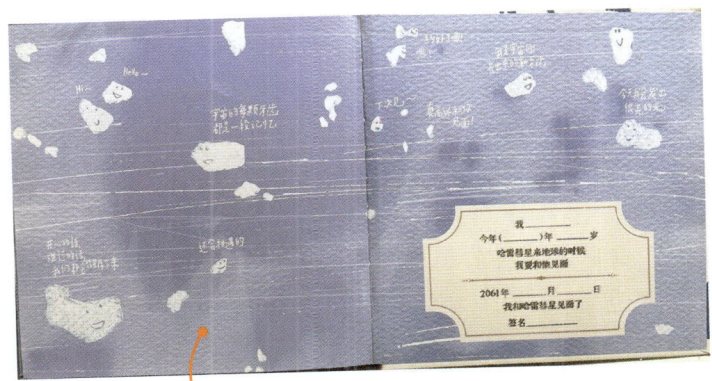

"宇宙的每颗牙齿都是一段记忆，我是宇宙刚长出来的新牙齿，今天我会发出很亮的光哟！"

第8章
给孩子一双怎样的翅膀

孩子，到底需要什么样的翅膀？

而家人，又应该给予孩子什么样的翅膀呢？

孩子，懂得拥有属于自己的翅膀是多么有意义的事情。这对属于自己的神奇翅膀不在他人那里，不在别处，而在自己的身上，源于自己的内心。

对于每个孩子来说，这对神奇的翅膀，让他们可以拥有自己的特性，让他们感受生活的美好，让他们展翅高飞，让他们不畏惧困惑，让他们笑对人生，这其中的要素就是"解释风格"。孩子的解释风格有基因的影响，但最为重要的是后天环境的影响和训练。

父母的解释风格影响着孩子的解释风格的形成。建立联结，及时恰当的引导是非常重要的。给孩子思考的空间，给孩子恰当的征服经历，根据孩子的能力让孩子逐步体验由"表现泡意"而强化的"感到满意"。

瞧，我们最想要的翅膀正在那儿等着我们呢！

读与听

莉亚的妈妈是一名插画家，有一天，莉亚让妈妈帮她画一对翅膀。

妈妈画了一对很大有很多羽毛的翅膀，莉亚说这是小鸟的翅膀，她要的是小孩子的翅膀。妈妈又画了一对用很多糖果做的大翅膀，可莉亚说如果忍不住吃了这个翅膀就飞不了了。妈妈画了一对坚硬无比的铁甲翅膀，但莉亚说这么重我背着肯定飞不起来……

妈妈画了一对又一对的翅膀，但都不是莉亚想要的。

妈妈问莉亚到底想要什么样的翅膀呢？莉亚说自己也不知道。

莉亚闭上眼睛，做了一个很奇特的梦，梦见自己走到一个马戏团里，突然变成了马戏团舞台上的焦点，自己要为大家表演如何飞。莉亚闭上双眼深呼吸，感受着想象着自己所经历的一切，穿过妈妈那些五光十色的颜料，突然感觉自己慢慢地飞起来了，飘浮在马戏团的大帐篷里，耳边听到了美妙的旋律、阵阵的掌声还有翅膀拍打的声音，整个马戏团都在跟着她飞翔。

第二天醒来，莉亚告诉妈妈，她已经知道需要什么样的翅膀了，她要自己把翅膀画出来。她做到了。

《翅膀》［以］玛雅·哈努赫/文
［以］欧法拉·阿密特/图 利维/译 天津人民美术出版社出版

这是个很美丽也很神奇的故事。想拥有一对翅膀，这可能是大多数孩子的梦想。莉亚很幸运，有这么一位能干的妈妈，会画那么多的翅膀，但可惜的是，总也不能符合莉亚的心意。

有的家长可能会说："孩子真麻烦，这么多翅膀一个都没有满意的？他/她就是不知道自己想要什么，等拿走了又要后悔。来来来，不要烦了，就这个翅膀，多好呀！"这是让孩子拥有自己的翅膀吗？不，这只是拥有了家长认为应该拥有的翅膀。

在阅读故事的过程中，也有可能不停地会有孩子说，我想要这对羽毛的翅膀，可以和小鸟一样多有意思呀；我想要这对糖果做的翅膀，那么多我喜欢吃的，多甜蜜呀；我想要铁的翅膀，像钢铁勇士一样，可以保护我。是啊，这些翅膀的功效看起来确实吸引人，可能刚好契合你的需要，但是这些都是翅膀本身所具有的功能，而不是属于你的翅膀。

莉亚是个特别的小姑娘，她觉得应该拥有一对属于自己的翅膀，应该是一对自己能够赋予它效能、有着自己独特的印记和特点、和自己一起不断地自由飞翔的翅膀。这才是属于自己的翅膀，独一无二的翅膀！

莉亚找到了这双翅膀，不仅自己拥有了翅膀，连周围的人在她的带动下也都拥有翅膀，学会飞翔。她画出了自己的翅膀，那么你呢？

说与写

你在第一幅图中看到了什么？你觉得莉亚的表情是怎样的？如果是你，你希望拥有怎样的翅膀呢？

第二幅图你感觉到了什么？为什么大家都跟着飞了起来？

各式各样充满梦幻的翅膀诱惑力实在是大，却能够不为所动，坚持要找寻自己的翅膀，真得非常不容易。第一幅图中，虽然莉亚只露出了半张脸，但那思考而探寻的眼神给人留下深刻的印象，没有画出的嘴角更是给人留以悬念，此刻莉亚的表情是怎样的？猜测表情的同时也是读者自我心境的一个体现。第二幅图中大家都跟着莉亚一起飞翔起来，在莉亚的带领下，虽然人们飞翔的姿态不同、方向不同，但没有丝毫的杂乱感，更多的是流畅的飘逸、悬浮。每个人物的表情都是欣然的、满足的。

联结旋律

我们先来看两本有趣的绘本故事，一本叫《失落的一角》（［美］谢尔·希尔弗斯坦 文/图），另一本叫《自己的颜色》（［美］李欧·李奥尼 文/图 林真美/译）。

有一个圆，他缺了一角，他动身去找那失落的一角，有时在太阳下暴晒，有时又被淋了一场冰冷的雨，有时被冰雪冻僵。因为缺了一角，他滚不了太快，所以在路上他会停下来和虫儿说说话，或者闻闻花香，有时他会超过一只甲虫，有时甲虫又超过他，这是他最美好的时光。他就这样不停地滚着，漂洋过海，穿过沼泽与丛林，上山下山，直到有一天，他终于找到了一角，但是那一角说他不是任何人的一角，他就是他自己。圆继续滚动，又发现了许多不同的一角，但这一角太小，那一角又太大，这一角尖了点儿，那一角又太方了。有一次，他似乎找到合适的一角，但没有握紧，角掉了，另一次他又握得太紧，弄碎了。就这样他一直滚动着，险象环生，掉进坑洞，撞到石墙。终于有一天，他遇上

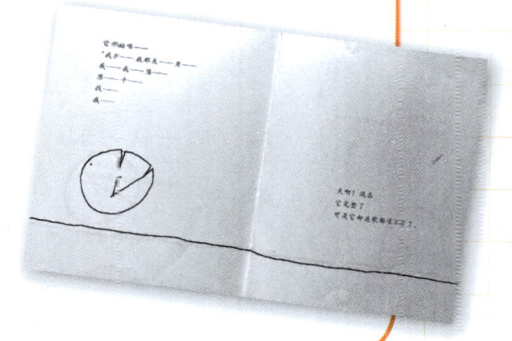

看上去非常合适的一角，装上了这一角的他，滚得越来越快，快得不能停下来和虫儿说说话，不能闻花香，甚至他连唱歌也都唱不了。最后，他停了下来，把那一角轻轻放下，慢慢往前滚动，蝴蝶在他的身上飞舞盘旋。

《失落的一角》［美］谢尔·希尔弗斯坦 文／图 南海出版公司出版

他是一只变色龙，它看到的鹦鹉是绿的，金鱼是红的，大象是灰的，猪是粉红色的，好像所有的动物都有属于自己的颜色。但是变色龙的颜色会不断变化，站在柠檬上，他是黄色的；藏在石楠花丛中，他是紫色的；坐在老虎身上，他又有了和老虎一样的条纹。他想拥有自己的颜色，他爬上了一片绿色的叶子，他想如果一直待着，可能身上的颜色就会永远是绿色，可是到了秋天，叶子变黄了。变色龙也变黄了。后来，叶子变红了，变色龙也变红了，再后来，寒风把叶子吹落了，变色龙也跟着落下来。他很伤心，觉得不会有自己的颜色了。他遇到另一只变色龙，这只变色龙告诉他："我们可以尝试待在一起，这样虽然颜色还会变化，但是我俩的颜色总是一样的呀！"于是他们一起变成绿色、紫色、黄色、红色带圆点，就这样他们幸福地生活着。

《自己的颜色》[美]李欧·李奥尼 文/图
阿甲 译 南海出版公司出版

看完了这两本绘本，大家有什么感受呢？孩子，你有什么想说的？而家长又有什么想表达的呢？

他缺了一角，他想变得完美，于是不停地寻找丢失的那一角，在寻找的过程中却突然发现，原来不完美也是一种"完美"。当你能够静心感受、思考、接纳和享受当下时，就是"完美"。对于成长中的个体而言，过程的意义要远远大于结果。如果把他比作我们的孩子，到底是一定要他找到丢失一角，变成一个完美的圆更有意义，还是让他虽然缺失一角，虽然行进不

快，但是能够时时感受到成长过程中的价值，在找寻的过程中体悟到人生的真谛更有意义？外界让他成为完整圆的理想虽然美好，但是往往可能会忽略他自身的真正感受。遇见的那一角会太大、太小、太坚硬或太脆弱，但为了成为理想中的圆，压抑着自己内心真实的感受，成为一个不是真正自己的"圆"，自然会存在很多隐患。其实"失落的一角"才让他成为真正的自己、独一无二的自己。

变色龙想拥有自己的颜色，不想人云亦云，这是非常美好的愿望，但是为什么总实现不了呢，因为他还陷入在"别人决定"的模式中。只要待在叶子上，他的颜色就会由叶子而定，当他在另一只变色龙的启发下，终于发现只有进入"我决定"的模式中，才能真正拥有自己的颜色。之前是因为别人是什么颜色，所以变成什么颜色，而当转化为自己想变成什么颜色，就可以去找寻，从而变成那个颜色。虽然变色龙还是会不断地变化颜色，但是这样的改变已经发生了本质性的变化。在我们的家庭中，这两种模式是时刻存在的，到底要选择哪种模式，相信大家心中一定有了自己的答案！

看完这两个故事，大家对于"翅膀"这个故事是不是有了更深入的理解呢？

给孩子很大很多的羽毛翅膀，不如让孩子学会自己思考人生，有遨游的梦想；给孩子糖果做的翅膀，不如让孩子自己体验酸甜苦辣，更懂得珍惜；给孩子坚硬的铁甲翅膀，不如让孩子内心强大，时时处处都能很好地保护自己；还有那些云朵做的、字母做的、树叶做的翅膀，这些都是我们家长们对于孩子的无限付出与期望，不如让这些翅膀都变成孩子能够追寻的思考力和行动力，我们给予孩子的不是具体的翅膀，而是引导、激发、陪伴与带动。

莉亚梦境中那些五光十色的颜料就是妈妈曾经给予的关心与支持，这是莉亚学会飞翔的基础，当然如何去飞，是需要莉亚自己去感受和体会的。

解释风格是我们人生中的重要"翅膀"，要拥有积极的解释风格，并不是简单地说些肯定的话，也不是为了积极而积极，而是发自内心地，主动地在情境中改变具有破坏性的想法，消除"非积极的思考方式"。解释风格就是这样如影随形地对我们的生活发挥着作用。

下面就和大家分享两个如何形成积极解释风格的好方法吧！

♪ 行动区：

方法一：

这个方法能用来平衡个体的理性中心和感性中心，头脑代表理性，但情绪是感情用事的，而这两者一旦平衡，就会带来更加积极的感受。

具体从人的眼睛、耳朵、身体和心灵的四个层面着手，把想要的正面信念，带入意识的深处，取代原有的消极模式。操作步骤如下：

1. 两个手臂向前伸直，十指相扣，两个大拇指并不交叉，而是一同向上，然后开始用手臂画"8"，从左下角开始，向右上方开始画"8"字，在"8"中心点的时候，手臂是向上画，而不是向下画。一边画"8"，一边眼睛盯着大拇指看，头保持不动，身体挺直，嘴巴大声说："我为我的幸福快乐负责！"持续大约30秒。让视觉参与到正面信念的调整过程中来。

2.右手放在右耳上，左手放在左耳上，从上到下用拇指和食指按摩耳朵的边缘，同时，重复地说："我为我的幸福快乐负责！"同样是大约持续30秒。让听觉感受到所说的正面信念。

3.站立，两个手臂先向上伸展，然后，手肘弯曲收回。用左手肘，去碰触抬高的右膝盖，身体自然向右侧转，动作轻柔缓慢，口中念道："我为我的幸福快乐负责。"同样大约持续30秒。（运用动觉、动感，把正面信念植入身体以及潜意识之中。）

4.两只手掌叠放在胸口上，让手心可以感受到说话时声音在胸腔的振荡，闭上眼睛，对自己说："我为我的幸福快乐负责！"同样大约持续30秒。让心感受到正面的力量。

（本方法摘录于知名作家张德芬女士的作品《遇见心想事成的自己》）

见图示：

方法二：

每个人，千差万别，但每个人原本所拥有的生活其实大致相同，都会有如意或者不如意的事情发生。不同的人去经历、处理，结果呈现了不一样的人生。心理学家艾利斯开发了情绪ABC模式。

"ABC模式"基本理念：当我们遇到不好的事情时（A），我们最自然的反应就是不停地想它，这些思绪很快凝聚成想法（B），这些想法并不是待在那儿不动，它们会引起后果（C）。也就是说真正导致事件后果的，并不是事件的本身，而是我们对于事件的想法。

最通俗易懂的一个例子，就是老太太和两个儿子的故事：老太太有两个儿子，大儿子是卖盐的，二儿子是卖伞的。晴天的时候，老太太很着急，因为害怕二儿子的伞卖不出去；下雨天的时候，也很着急，因为担心大儿子不能晒盐。于是老太太每天都很着急、伤心，没有一天好过。于是一位智者劝她换个想法，其实方法很简单：那就是晴天的时候想大儿子可以好好晒盐了，下雨天的时候想二儿子的伞又可以好卖了，于是天天开心，再也不难过了。这个简单易懂的故事非常生动地说明了想法对于每个人的重要性。

"ABCDE模式"是积极心理学的重量级大师马丁·塞利格曼将ABC模式进行了很好的延续和补充，增添了可以改变消极解释风格的步骤，将ABC模式真正做到了"乐活人生"。ABCDE的基本解释为：A. 事件；B. 想法；C. 后果；D. 反驳；E. 激发。

例子一：

事件：张老师在全班同学面前批评了我，班上每个人都在笑。

想法：他恨我，现在班上每个人都认为我很笨。

后果：我觉得非常难过，真希望地上有条缝能让我钻进去。

反驳：张老师批评我并不代表他恨我，张老师几乎批评了所有的人。但他说过我们班是他最喜欢的班。我反思我上课是有一点不专心、偷懒，所以张老师才会生气。除了班长是他的模范学生外，全班几乎每个同学都至少被张老师批评过一次。所以我不认为同学们会认为我很笨、很糟糕。

激发：我还是因为被张老师批评这件事感到有点难过，但不像刚才那么严重了，我不再想找条缝钻进去。

例子二：

事件：我最好的朋友小珊告诉我，小妮才是她最好的朋友。从现在起，她要和小妮一次吃午饭，不再跟我一起吃了。

想法：小珊不再喜欢我了，因为我不够好。小妮很会讲笑话，而每次我讲笑话时，都没有人笑。小妮有许多很棒的衣服，而我的衣服都很土。我想，如果我人缘更好，更讨人喜欢的话，小珊就不会抛弃我。现在再也没有人愿意跟我一起吃午饭了，每个人都会知道小妮是小珊新的好朋友。

后果：我很害怕，不敢去吃午饭，因为我不想一个人吃午饭，这会被人耻笑的。所以我假装肚子疼，请老师送我去医务室。我觉得自己很丑，我想转学。

反驳：小珊是很好，但这并不是她第一次告诉我，她结交了新的好朋友。我记得不久前，她也曾告诉我，小柯是她最好的朋友，而在这之前她有告诉我，小琳是她最好的朋友。我不认为这和我不够好、不够幽默有关，我也不认为是我衣服的问题。因为上次我和小珊去逛街时，我跟她买了一模一样的衣服。我想她只是喜欢换朋友。反正她也不是我唯一的朋友，我还可以跟其他朋友一起吃午餐。

激发：我不再操心跟谁一起吃午餐了，我也不再觉得自己很丑、很差。

特别提示：1.习得性乐观的本质是正确思考自己所面临的实际问题。不仅仅是简单地重复愉快或正面的看法。2.有效反驳自己的四个方法：证据（学着做一名侦探，问自己，"支持和反对这些想法的证据在哪里"）；其他可能性（可不可以用其他方式来看待这件不好的事）；暗示（如果你悲观的解释是对的，那是不是就意味着世界末日了呢）；用处（有时思考自己的解释是否准确并不重要，重要的是现在想这个问题是否有用）。

画语心声

为什么会有那么多为什么

徐康

当我们出生在世界上,我们对这个世界充满着好奇……
每当我看见星星就会问:"妈妈,星星为什么不掉下来?"
每当我看见车子从马路上经过就会问:"妈妈,汽车为什么跑得那么快?"

每当我看见小鸟在天空飞翔:"妈妈,为什么我们不能像小鸟一样在天上飞呢?"
我们就在这些好奇中,欢笑着,成长着。

简单的几句话，动听得像美丽的诗。文中孩子只描述了自己的提问，那么妈妈到底是怎么回答的呢？如果你是家长，你又会怎么回答呢？其实从最后一句话中，我们已经深刻地感受到，这位妈妈一定给了孩子最恰当的回应。孩子依旧保持着对世界的好奇心、探索的愿望和动力，并且感受到所有经历的事情都能带来成长。在这样的孩子心中，未来的生活该是多么令人期待，该拥有多么美好的景象。这将是孩子源源不断思考的动力之源。

如何产生那么多为什么？生活中对于这样难解的问题，拥有积极解释风格的孩子一定能够时时给出最好的答案。

画语心声

无题

张吟雪

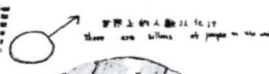
世界上的人越来越多
There are billions of people in the world

她们各有不同
They are all different

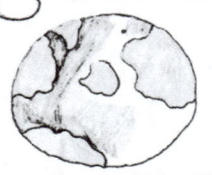

其中一半是女孩子
and half of them are girls.

and they are all beautiful.
都有不一样的美丽

有些女孩会穿裙子，化妆
some girls like to wear dresses and put on make-up.
有些不会 and some don't.

有些女孩留长发
some girls have long hair

有些女孩喜欢玩娃娃
some girls like to play with dolls
有些女孩喜欢玩游戏
and some play video games

那都没有问题
and that's okay.

有些女孩留短发
and other have short.

有些两样都喜欢
Some play both
and that's okay
那都没有问题

有些女孩会穿裙子，化妆
some girls like to wear dresses and make-up.
有些不会 and some don't.

you self, your choice
你的选择,化选择

and however you choose to be
不管你如何做出选择

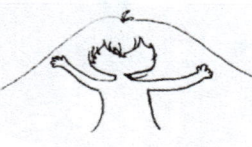

那都没有问题
and that's okay.

no one can tell you who to be.
没有人能告诉你成为什么样的人。

is okay
都没有问题

我想如果要给这个作品加一个名字，可以是《It's OK》。这是一个多么自由的心灵，稚嫩的语言却透露出和哲理大师一样的睿智和精彩。"没有人能告诉你该成为什么样的人？""不管你如何做出选择，都没有问题。"我想任何一个人，不论性别、不管年龄，当读到这句话时，是不是都有热血澎湃的感觉呢？多少人曾有

过这样的渴望，多少人又将这样的渴望泯灭在萌芽之时。很多时候，我们会不自觉地怀疑自己，很多时候会左思右顾，不敢积极行动，很多时候因为一个小的挫折，我们就会觉得什么都不好。家长们不要用太多的限制把孩子的好都变成不好，也不要对孩子热情的想象、大胆的行动进行压制和打击，更不能把自己没实现的愿望强加在孩子的身上。孩子精彩的背后应该要有着父母坚定的支持！

给家长的话

我们先来看两个真实的生活案例：

突然"折翅"的小琪

小琪考进这所重点中学后，因为离家很远，所以开始住校。但小琪突然变得很不好，严重影响了她的学习和生活。中西医看下来，也没查出小琪有什么问题。于是妈妈在小琪的学校对面租了房子，带着小琪一起住；而爸爸就在家照顾刚上幼儿园的妹妹。刚开始的一段日子，小琪的睡眠有了一定的改善，但没过多久就开始恶化，不仅睡眠变得更加糟糕，情绪也变得很不稳定，在学校有时会莫名大哭，成绩也直线下降。

小琪的妈妈和莉亚的妈妈一样，都非常爱孩子，当孩子出现问题和需求时，第一反应都是自己来帮孩子解决遇到的问题。小琪妈妈做出很大的牺牲，放下了对另一个年幼孩子的照顾，和老公分离。妈妈将小琪的睡眠当成自己的事，觉得自己只有这样做才可以解决小琪的问题，这个举动是不是有点似曾相识？那就是不停地驱除黑暗的席奶奶。这时的妈妈已经将小琪的睡眠障碍看成永久的、固定的，必须改变外在的环境才可以解决的问题。这是妈妈的第一个解释风格，这个解释风格带给小琪的影响，可能就是只有永远和妈妈在一起，自己的睡眠才可以改善，可是小琪未来的道路还很长，能做到妈妈一直陪伴在左右吗？

小琪和妈妈住在一起后，为什么刚开始睡眠有所改善，后面又突然恶化了呢？我们先来听一段妈妈和小琪的对话吧。

妈妈： 小琪，昨天睡得怎么样呀？

小琪： 还行。

妈妈： 嗯，那就好，那就好，这样妈妈过来陪你就是值得的。

妈妈： 小琪，昨天睡得怎么样呀？

小琪： 好像有点晚才睡着。

妈妈： 哎呀，那怎么行，妈妈不是陪在你旁边了吗？又不是在宿舍，怎么会很晚才睡着呢。

妈妈： 小琪，妈妈为了你，妹妹我也不管了，一周才能和你爸爸、妹妹见一次，家也不像个家。但是你只要能把睡眠调整好，能学习好，爸爸妈妈付出这些都是值得的。

如果你是小琪，听了妈妈的这些对话，你有什么样的感受呢？

是不是有这样的感觉，这些话听起来都是关心和在意，但是总隐隐地让人觉得压抑和无力，甚至还会产生些愤怒和委屈之感，但是又说不出口。其实对小琪真正产生影响的恰恰是这些言语背后没有说出口的语言。

对于小琪来说，好的睡眠她也想拥有，但并不是她能随心控制的。妈妈高频率的追问，加重了小琪内心的焦虑。睡眠是人类生理的机制，出现波动也是非常正常的事情，妈妈在这里的解释风格却是：自己过来陪小琪，小琪睡眠就必须都是好的，只要有一次不好，那都不行。这其实是本末倒置了"一般"和"特殊"的关系。如果在小琪出现睡眠又不好时，妈妈也能和那只没有耳朵的兔子对两只耳朵的小鸡所说的解释风格一样，"睡眠有波动是非常正常的事情，后面睡着了就是好事，课间做做伸展运动，中午可以找机会休息一下，又是充满活力的一天哟！"我想，小琪不仅白天的状态不会差，可能当天晚上就会有个好梦。

妈妈最后的那句"但是，你只要能把睡眠调整好，能学习好，爸爸妈妈付出这些都是值得的"，看似是在安慰小琪，让小琪不要对此觉得内疚，但是带给小琪的可能是更加的内疚和更重的压力，引发小琪的内部语言可能是："我必须要学习好、睡眠好，否则太对不起爸妈、妹妹和这个家了。"越是这样，可能越会出现"欲速则不达"的状态，由此恶性循环。因为，妈妈此时的解释风格是"非常爱你和有更好的状态"，但小琪感受到更多的是"要有更好的状态"，可现实中小琪不能马上做到，于是她就有了更多的焦虑和无力感，而这种焦虑和无力感对小琪的好睡眠并没有帮助，甚至还带来了更多情绪和学习上的问题。这时，如果小琪的妈妈也能够像《宇宙掉了一颗牙》中的爸爸一样，"我尊重你的选择，我关注你的动态"，把小琪的睡眠问题当作小琪身体的一个暂时性选择，先接纳，再保持积极关注，可能很多的问题很快就会迎刃而解。

其实小琪睡眠问题的本质原因是从来没有和家人分离过的她，面对生活环境和生活方式的突然改变，让比较敏感的她一下子无法快速适应，这个问题可能很多第一次住校的孩子都出现过。这时，小琪需要的是家人和她一起分析原因，给小琪更多机会去学习集体生活的技能，不断地引导和鼓励小琪相信自我，积极行动。一家人用平和的心态面对睡眠的问题，在阳光生活每一天后，好睡眠自然会来临的！所以和莉亚一样，小琪的翅膀是要自己去寻找，而不是父母硬塞给她那双由父母替她做好的翅膀。

在孩子找寻翅膀的过程中，家长们一定要积极审视自己内心的解释风格，看得到的行为、说出来的话语可以包装和隐藏，但是行为的背后、未能说出的话语其实有巨大的杀伤力,而这些往往是我们很多家长所忽略的。很多家长常常抱怨的:"为孩子做了这么多,整天陪笑脸,也等不来一个回报。"因为你内心的解释风格早就在"出卖"你了,而且它还在影响着你的孩子!

成为自己的明星

小涵来到咨询室是因为觉得自己情绪很不稳定。在人际关系中,总是别人说什么就是什么,别人高兴了自己就高兴,但这样并没能让自己收获更多的友谊,反而更容易失去朋友,感觉自己就像是"粉丝",而别的同学都是明星。最近一次,小涵因为数学没有考好,跑到后花园躲起来,让老师和同学们担心了很久。她明明很喜欢数学老师,数学老师在考前还鼓励过自己,给了自己温暖的拥抱,也不知道为什么自己会这样逃避考试失败的结果。

在小涵上幼儿园的时候,爸爸因为交通事故离开了人世,妈妈一人带着小涵,拼命工作,就是为了小涵能和同龄孩子一样拥有幸福。在学习上和生活行为上对小涵有着非常严格的要求,如果没做到,就会进行惩戒。小涵妈妈感觉自己为小涵付出了所有,但是母女的关系好像越来越疏远。

小涵妈妈从小抱养给姑姑,姑姑家环境优越,所以小涵妈妈一直过着舒适的生活,小学时也不认真读书。一天,一位老师将她叫到身边,鼓励她好好读书。小涵妈妈当时很感动,觉得老师很关心自己。有一次,小涵妈妈因为自己没完成作业,感到十分内疚,于是就一个月不去上学。姑姑为此很伤心。等小涵妈妈长到10岁后就将她送回了亲生父母家。

了解小涵妈妈的经历之后,不难发现小涵妈妈小时候的那次经历和小涵现在的行为简直如出一辙,都是遇到关心自己的老师,害怕让老师失望,结果采取了逃避的方法。妈妈认为只有学习才能改变命运,于是对小涵的学习要求的异常严格。

在妈妈主控式的教育方式中，小涵的思维模式和行为习惯都深深印刻着妈妈的印迹。小涵一味迎合别人的习惯，是因为妈妈从来都是严苛的命令式教育法，只有当女儿完成了自己的要求，她才会开心。小涵和妈妈都非常在意别人的关心，但又不知道如何才是最好的回应，将别人的鼓励也看作是要求，只要没有达到要求就会觉得无法面对关心自己的人。妈妈小时候遇到的问题并没有得到真正的解决，她的内心并不知道什么才是最好的应对方式。妈妈这种逃避式的反应也在无声地影响着小涵，于是当小涵遇到了和妈妈一样的情境时也作出了和妈妈小时候一样的反应。从这点来看，小涵和妈妈的关系并不是妈妈所认为的那样不紧密，反而是太紧密，让小涵失去了自己。

> 一个家庭不仅仅是有着血缘关系的人的集合。它更是一个体系，容纳着彼此紧密相连的人。家庭中的每个成员都深刻地，而且往往是以隐蔽的方式影响着其他人。
>
> 这个体系是一张交织着爱、嫉妒、自尊、焦虑、欢乐和内疚的复杂网络——饱含着各种各样的人类情感，这些情感在其中此消彼长，在由家人的态度、理解和相互关系构成的混沌海洋中不断翻腾。家庭就如同深沉的海，你无法从表面看透其内部的运作模式。你潜入海里越深，发现就会越多。
>
> 《原生家庭》［美］苏珊·福沃德　克雷格·巴克／著

改变小涵和妈妈关系的一个契机是咨询师让妈妈做的一件事。咨询师让妈妈在纸上写出小涵的 100 个优点，放在信封里，封信不要封口，让小涵带到学校交给咨询师。这件事情后，小涵和妈妈的关系突然有了很好的缓和。最后小涵和妈妈都按照咨询师的建议，真诚说出自己的感受，看到相互之间的紧密纽带，小涵逐渐改变了总是迎合别人，委屈自己的习惯，在妈妈的鼓励下，积极表达、展示自我，成为自己的明星。

所以在家庭的海洋中，如果希望孩子能够游得更好，那么周围也同样要有好好游泳的父母，就如《岳阳楼记》中的"沙鸥翔集，锦鳞游泳"。父母游泳一会儿水面浮行，一会儿水下潜行，有变化，也有规则，否则在旁一阵乱扑腾，弄得潮起翻滚，也一定会影响孩子的前行。同样游得好的孩子也会给旁边的父母带来积极的影响。这样的家庭影响是双向的。还有一个比喻就是：有问题的家庭体系就像高速公路上的连环追尾，其影响会代代相传。当然这个体系并非是此刻的父母所建立，他们也是从先辈那里沿袭的，一代代逐渐累积而成的感受、规则、交流、观念。过往无法改变，当今日觉知。那么我们就从此刻开始将不良的感受、规则、交流、观念掐断，重新出发，用积极的解释风格去体会家庭中每位成员的感受和需求，为孩子的个人发展和随之而来的成熟独立构建坚实的基础。

另一个方面，在孩子成长的过程中，我们很多的家长总想着能够给孩子一个金刚罩，让孩子免受灾祸与困境，希望孩子能够一直在阳光和快乐中成长。法力无边的金刚罩，必然只能存在于人们美好的想象中，但是生活中的家长们，如果能够时时以积极的解释风格感染和带动孩子，可能会产生比金刚罩还要神奇的力量。

我们来看一个有趣的绘本故事，看完后家长和孩子们可以一起好好品一品其中的意味，这个故事有个非常实在的名字《母鸡萝丝去散步》（［美］佩特·哈群斯 文/图 明天出版社出版），整个绘本几乎没有文字，但是生动的画面却让人久久回味。母鸡萝丝出门去散步，身后跟着一只想吃她的狐狸。一路上，萝丝走过院子，正当狐狸要从后面扑向她时，地上的钉耙一下打中了狐狸；萝丝绕过池塘，正要扑向她的狐狸"扑通"一声掉进了池塘里；萝丝越过干草堆，正要扑向她的狐狸一下掉进了草堆里；萝丝经过磨坊，无意间牵动了吊着面粉的滚轮绳，面粉一下倒在了狐狸的身上；萝丝穿过篱笆，狐狸爬上去跳下来，正好掉在了小推车里，小推车"咕噜噜"滚下坡，砸中了一排排的蜜蜂箱，萝丝坦然地钻过了一排排的蜜蜂房，所有的蜜蜂都追随狐狸而去，而母鸡萝丝则按时回家吃晚饭。

"按时回家吃晚饭"是不是一下击中了我们家长们的心，我们太希望孩子能够"平平安安、快快乐乐按时回家吃晚饭"，这是多么美好的目标状态。但是萝丝这一路上好像也并不平坦，那个紧紧跟随的狐狸，那个不停变换的环境，是不是让我们的家长一直提着心、吊着胆，一关闯过，还有一关，再一关。我们可能要感叹，一是这个萝丝太幸运了，每一次都化险为夷；二是自己的孩子在成长中能有这么幸运吗？其实我们每个孩子都可以成为这个幸运的萝丝，在类似于动画片中一帧帧的画面，我们留心到了吗？萝丝一直向前走得那么坚定和坦然，迈着有力的步伐。这种状态来自何方？<u>其实在生活中能够保持积极解释风格的孩子，就能够迈出这样有节奏的坚定步伐</u>。在这个过程中，我们父母、我们亲子之间、我们家庭氛围中能够时刻有着积极解释风格的状态极为重要，这是让孩子在成长的过程中，能够和萝丝一样有幸运的前提。生活不可能一直平坦无垠，但是只要我们能够拥有积极的解释风格，狂风暴雨也能化为雨后彩虹！

绕过池塘

许多经历看似是牵绊，但在积极解释风格者的身上，却能够变成武器与力量。

经过磨坊

池塘无路可走，绕过也是另一个好办法。绕过的路上还有美妙的风景和小鸟愉悦的歌声！那个一心要扑向母鸡的狐狸可能就没有那么好运咯！

第三部分

很早以前，心理学家曾做过这样一个实验，让一只刚出生的小猴和两个"母亲"待在一起——铁丝做的猴妈妈和绒布做的猴妈妈。铁丝妈妈胸前挂着小猴要吃的奶瓶，绒布妈妈则没有。在接下来的日子里，小猴只在饿的时候去铁丝妈妈那里喝一下奶，其余时间都待在绒布妈妈那里，甚至宁愿不喝奶，也要和绒布妈妈在一起。这个有意思的实验让人们发现，从灵长类的动物幼体开始就有亲近母亲的本能行为，有时身体的接触、温暖的感觉要超出哺乳的作用，而这种亲近父母的行为会逐渐发展成亲子间的依恋关系。这就是1959年心理学家哈里·哈洛所做的著名的"恒河猴实验"。

最早提出"依恋"关系的心理学家约翰·鲍尔比把这种关系比喻成恒温器。恒温器顾名思义就是调节温度的，当你设定目标温度在20℃时，当自然温度过高或过低，通过恒温器的调节，都能将温度调至20℃。同样，依恋关系对于孩子来说就是一个行为的自动控制系统，对于每个孩子来说"安全""探索"是他们行动的基本目标，在这个过程中，如果没有一个良好的自动控制系统，孩子的行为可能会变得被动、压抑、无助，甚至痛苦不堪，所以依恋关系对于每个孩子来说都至关重要，影响一生。同样，也是亲子之间调和问题和解决问题的关键。

那么依恋关系到底有哪些类型？哪种依恋关系对孩子的成长最为有利呢？这里再和大家分享一个有趣的实验，这个实验是这样设计的，把一个婴儿带到一个房间。房间里有一些玩具、一个陌生人和一个双向镜，镜子用来让外面的人观察房间内发生的事情。在实验过程中，先是把婴儿留在房间里和陌生人待在一起，接着婴儿的妈妈进屋，然后妈妈和陌生人都离开三分钟,最后妈妈再回来。在实验中,最主要是观察妈妈返回时孩子的重聚行为。大量儿童参与了这个实验过程,儿童的表现主要有四大种类:1. 妈妈离开后,孩子可能会显得烦躁,但是在妈妈返回时会寻求亲近,并且很快就能得到抚慰,然后又回到玩耍和探索中。2. 孩子表现得好像妈妈从没有离开过房间,仍旧拿着玩具玩,对妈妈的返回视而不见,但对他们的生理压力测试表明,他们其实注意到了妈妈回来了。3. 妈妈回来后,孩子会急切地寻求亲近,并且不容易感受到抚慰,也不能重新回到玩耍中,一直缠着妈妈,似乎对妈妈的抚慰和保护能力充满了怀疑。4. 妈妈回来时,孩子会表现出混乱和迷惘。由孩子表现的四大种类归纳出依恋关系的四个类型:安全型依恋、回避型依恋、矛盾型依恋、紊乱型依恋。这就是心理学家玛利·爱因斯威斯所做的著名的"婴儿陌生情境实验"。

一般而言,对孩子发出的信号比较敏感的父母能让孩子安全地依恋自己;粗心或经常拒绝孩子的父母会使孩子形成回避型依恋;而不容易接近或有侵犯型的父母会使孩子形成矛盾型依恋;父母惊恐或迷惘的行为会引起孩子心理上的惊恐或者导致"无法驱除的惧怕"。

回避型依恋的孩子以后可能会遭受同伴的冷落。

矛盾型依恋的孩子长大后心里会充满焦虑和不安。

紊乱型依恋的孩子在日后与他人的交往以及情绪调节上,都会出现很大的障碍。

依恋理论认为,亲子依恋状况会影响个体对他人的心理表征,即"内部工作模式",

进而影响个体的人际互动行为。安全依恋的个体具有较强的联结感和安全感，对自己和他人具有积极的态度，更容易做出积极的反应；不安全依恋的个体对他人持有怀疑态度，较少能知觉、注意及回忆对方善意的信息，较多时候对对方行为持有负面的期待和解释。同时安全依恋的个体能够准确地共情和有效地反应，不安全依恋的个体由于过分关注自己内心的脆弱敏感，进而缺少足够的心理资源对他人的需要感同身受，从而阻碍其亲近社会行为。

在对儿童问题行为的相关研究中也表明，父母和孩子之间的依恋关系在孩子发展过程中扮演着重要角色，安全的亲子依恋关系可以预测儿童的良好发展，如校园生活的良好适应、人际交往中的自信保持、对职业目标的追求等；不安全的亲子依恋是儿童发展过程中的不利因素，并且这种消极影响会持续一生，不安全的依恋关系和青少年时期的内化问题有关，比如抑郁、焦虑，甚至自杀行为，同时和儿童的外化问题也有关，比如违纪行为、恶意敌对、药物滥用。

以上是经典实验以及科学测量统计的结果，为了让我们的家长或孩子有更真切的感知，下面我们就来看几个具体、真实的来访者案例，在这些案例中，我们可能会或多或少地发现自己的身影。

【个案一】："都是别人的错……"——人际交往问题不断的小金

*来访者掠影：

小金，初中男生。看起来黑黑、憨憨的他，在校园生活中却和同学冲突不断。隔三岔五就要和班里的同学闹个矛盾，老师为此也伤透了脑筋，用了各种方法：客观断案法——仔细了解情况，客观分析冲突中的双方问题，结果小金始终咬定，就是别人欺负我，就是别人干扰我，就是别人的错；情感感化法——动员班级的同学给小金更多的关心和帮助，结果他不以为然；家庭联络法——加强和小金父母的沟通，结果小金对于父母在备忘本上给老师的留言愤怒"狂批"，父亲写几句，他"批注"了一页。最近，在课上，老师还无意间发现他画了一幅以四种方式寻求短见的漫画。

* 家庭状况掠影：

1. 小金的爸爸在事业机关上班，经常出差。妈妈是社会从业人员，换过几次工作，最近的那份工作比较忙。家中还有一个哥哥，已经上大学，不住在家里。小时候，胖嘟嘟的小金很惹父母喜爱，长大后越来越黑胖的小金逐渐失去了小时的可爱模样。

2. 爸爸妈妈都对小金的教育有着这样的观念：有问题必须马上改正，不能有丝毫松懈，否则自己承担后果。看着小金的成绩下降，每次都教导小金："要赶紧将成绩赶上去呀！你这样怎么行呢？将来什么事不靠成绩呀？"

3. 一次家长会上，老师提到了小金的学习问题，妈妈在下面如坐针毡，回到家中，看着小金那错误连篇的作业，妈妈对着小金大吼：

"看来你是永远好不过来了！"

"为什么，你犯错，我受罚！"

"这么辛辛苦苦工作都是为了你，你总是这样，太让人失望了。"

4. 小金和爸爸在备忘录上的"大战"：晚上，等小金睡着后，爸爸检查小金的数学作业，发现几乎都错了，于是就在小金的备忘录上写道："数学课完全没有听，几乎全错，太不应该了，太对不起老师和妈妈了。"第二天小金到学校看到备忘录上爸爸的留言，马上写了整整一页纸的话："你们根本不懂得保守秘密，你们是什么样的父母，我对有你这样的老爸实在太失望了，原本以为你是慈祥的，而你只会欺负我，你的形象破灭了。"

* 生活事件掠影：

1. 原本说好第二天全家一起出去为小金生日挑礼物。但到了第二天，爸爸妈妈没带小金出去，而选择在网上买礼物给小金。

2. 小金因为好奇，第一次用零花钱买了 Q 币。后来被妈妈知道了，紧接着妈妈就在电脑上安了网络管家，并且取消了之前每周给小金 10 元零花钱的决定。

3. 爸爸对待小金的三步曲：抱怨、更加严苛的要求、打。

4. 小金曾对妈妈说："妈妈，我不想学习，不想做作业。"妈妈马上反驳道："怎么能不学习，不做作业，将来……"

【个案二】："怎么总是有人针对我！"——情绪不受控制的小晴

* 来访者掠影：

小晴，高中女生，学习勤奋，希望能够有更多的机会去展示自己，但总觉得老师对自己不够信任，没能重视自己。小晴身边没有什么朋友，对于同学的评价非常敏感，特别在意自己在异性同学心中的印象。每过一段时期，就会觉得有某位同学针对自己。小晴对自己的要求很高。但是对于他人一些好心的建议，她又会有受到攻击的感觉，情绪波动较大，常常流泪。

* 家庭状况掠影：

小晴小时候体弱多病，还患上了一种慢性病。爸爸不喜欢女儿也不愿意承认自己有这样的女儿，最后爸爸变心离开了家。小晴和妈妈相依为命，妈妈最大的愿望就是女儿可以健康活着，但又时时担心自己不能为女儿做得更多、更好。妈妈希望女儿多一些时间在自己身边，但为了让女儿能够多独立，又选择让女儿住校。在家时又会时时担心女儿的身体。

*生活事件掠影：

1. 小晴放假回来和妈妈聊着学校中发生的一些事，当听到女儿的一些不开心时，妈妈的表情很凝重，也很担忧，她摸摸女儿的头，轻声叹气，思绪又飘向自己不顺利的婚姻。

2. 在厨房洗碗的妈妈，自言自语着，"哎，小晴一定挺伤心苦恼的，总是有些人会对她不友好，我要怎么帮她呢？"想着想着就再没心思洗碗，放下碗筷，走到女儿身边，打算和女儿聊一聊。等女儿感觉好了些，又走回厨房洗碗，边洗又边担忧："下次，女儿再碰到这样问题，我又该怎么安慰她呢？"

3. 妈妈生活的一切重心都是女儿，但同时又担心自己能否为女儿提供最完备的成长条件和空间。

4. 妈妈希望孩子多经受锻炼，但又怕孩子受到伤害。对于孩子物质上的要求总是尽量满足，对于和孩子思想上的交流却非常紧张，生怕自己给了孩子不恰当的引导。

5. 妈妈对于小晴学习和个人成长抱有很高的期许。

6. 爸爸从小晴出生时就不太愿意接受自己有个女儿的情况，每次单位吃年夜饭都带着小晴的表哥去吃而不愿意带上小晴。有时小晴和爸爸一起走在路上，被熟人碰到，爸爸会说自己家是龙凤胎。

【个案三】："我要变成女生。"——无法性别认同的小俊

*来访者掠影：

小俊，高中男生。人际交往状态正常，但一心想变成女生。他能够在公开的场合表达自己的这个想法，但对于变性手术并不了解，也不知道变成女生可能需要面对的问题，喜欢面容精致的影星。

*家庭状况掠影：

小俊两岁时，父母离异。爸爸是自由职业，妈妈是公职人员。小俊跟着妈妈一起生活，会不定期和爸爸交流。爸爸不久后和一个小十几岁的女生再婚。每次和爸爸约好了见面，但在见面的前一天，爸爸现在的妻子就会发短信来说有事改期。妈妈喜欢看电视剧，小俊也喜欢。有时俩人会一起看，一起哭。

初中时，因为学业繁忙的缘故，小俊和妈妈平日交流并不多。妈妈主要通过班主任来了解儿子的表现。进入高中后，班主任的处事风格和初中班主任不一样，不太和家长电话联系，妈妈就比较慌张，会不停打电话给老师。看着孩子每天很早就完成了作业，就更加着急。经常会从小事扯到学习，即使周末和孩子一起轻松看剧的时候也会说到学习。久而久之，孩子觉得和妈妈相处很没有意思，觉得和妈妈再也没有了精神上交流，只有日常生活琐事上的问答。

*生活事件掠影：

1. 下班后，妈妈回到家，疲惫地躺在沙发上，呆呆地想着事情。想起自己是婚姻中的受害者，不知不觉中被他人破坏了家庭，瞬间一个完整的家庭被撕裂。丈夫和一个小女生潇洒地过着日子，自己却在辛苦地带着孩子，连自己的妈妈都把养老的钱拿出来给孩子上补习班，妈妈越想越生气。这时孩子正好回家看到躺在沙发上的妈妈，笑着问道："老妈，又怎么了？"妈妈顿时脸一沉："一个男孩子，嬉皮笑脸的干什么！"

2. 初三中考后，妈妈就开始写成长录，主要记录儿子的成长和自己的心境，然后告诉小俊："这些将来会给你看，让你知道妈妈的心路历程，这也是我死后留给你的一个财物。"孩子很想现在就看看，但妈妈将文件夹上了密码，孩子觉得既好奇又有些恐惧。

3. 妈妈和前夫在电话里发生了激烈的争吵。放下电话后，看着孩子害怕的神情，妈妈什么都没说，走到厨房，继续做饭，做好饭后一句话也不说地和孩子一起吃完。

4. 妈妈和小俊交流时会说一些未来的想法，但小俊觉得最重要的是现在，所以两人基本交流不起来。

5. 在小俊初中时，爸爸妈妈曾为了小俊准备复合。但因为爸爸一件没有信守承诺的小事，妈妈再也没让爸爸回家。

以上三个案例中的亲子关系是典型的回避型、矛盾型和紊乱型，在案例中我们深深感受到父母的苦心：孩子还小，思想和行为都不健全，我们大人要竭尽全力去帮助孩子，矫正孩子的"不良行为"，不能让他们的发展有偏差，要让他们更好地成长起来。要帮助孩子更好地成长，但更多的时候则忽略了建立良好的依恋关系。这样可能一切的努力都会白搭。就如案例中的孩子，不仅原先问题没有解决，可能还会引发更多新的问题。实际上："我们的家长只有建立好依恋关系，才能真正行使'帮助'或'矫正'的权利。"在良好的依恋关系的视角下，父母会有更多的发现，可能很多之前觉得无法忍受或必须改正的"不良行为"会不翼而飞，会看到孩子更多不一样的表现，正如我们在序言中想要表达的那样："没有完美固定的家庭教育'套路'，当家长和孩子心意相通时,严厉点他能理解你的苦心,温柔点他能感受你的关切,一切都是恰当而有效的。"何为心意相通?其实就是建立亲子间的联结,而这就是依恋关系所带来的作用。

第9章
家与孩子

家庭中的依恋关系对于孩子的成长有着重要影响，孩子成长过程中一些难题的根源往往在于此。

著名儿童发展心理学家戈登·诺伊费尔德明确指出："教养的核心不是各种技能或者做法，而是依恋关系。这是在数字时代中守护孩子最好的方式。"所以，建立安全型的依恋关系是我们家庭教育的终极目标，有了这样安全而稳固的亲子关系，我们的家长才可以真正地看见孩子，孩子才能真正地感受到家长，并获得源源不断的力量，受益终身。

如何去实现呢？对于我们大多数的家庭而言，更需要的是一种能够触动心弦、豁然开朗并积极行动的指引，这一定不是纯理论的陈述，也不是一条一条固化的行为准则，而应该是灵动的、有生命力的、有每个家庭特色的启示。

每个家庭的过往、个性和特色都是别的家庭所不可复制的，所以没有适合所有家庭教育的"通式"，但可以积极引导每个家庭在触动中不断地调适和改变，最终实现家庭教育的最优化。

什么是家？

什么是孩子？

以下的内容将会给我们带来无限的领悟！

读与听

> 有的家是乡间的一座房子、一间公寓，有的家是船，有的家是棚屋，有的家是宫殿，有的家是地下洞穴，有的家是鞋子。有的家建在土地上，有的家建在水下。整洁的家、杂乱的家；高的家、矮的家；蜂窝里的家、树洞里的家。这些是谁的家呢？是一位公爵夫人的家、铁匠的家、日本商人的家、北欧之神的家。老奶奶住在这里、月球人住在这里、浣熊住在这里。这是我的家，这是我。

《家》［美］卡森·埃利斯 / 著
赵可 / 译 新星出版社出版

像诗歌一样优美，又像故事一样生动。简短的几句话、优美的几幅图，道出了家的本质。

什么是家？家可以是固定的房子，也可以是流动的船只；家可以是辉煌的宫殿，也可以是暗黑的洞穴。

在哪儿可以建家？在哪儿都可以建家，陆地上、水里面、天空中。家有高有矮，家有整洁有杂乱，不同的人可以有不同外型的家。

这里的家是外在的家？还是内在的家？

从外在看到内在，内在又影响外在，外在的家和内在的家相互交融。真正的家是由住在其中的人所决定的，这样组成的家才是真正影响人们内在的家。

这就是人造就了家，而家改变了人，就如绘本中最后一句："这是我的家，这是我。"

说与写

欣赏画面,谈一谈你对于"这是我的家,这是我。你的家在哪儿?你在哪儿?"的理解。

你觉得"还有一些人的家在路上"是想要表达怎样的意思?

第一幅画是静态和动态的融合构图,左图中稳稳的屋子、稳稳的家,在家中的孩子,正在骄傲地说着:"这是我的家,这是我。"静态的房子呈现出家的稳重厚实,眺望远方的孩子和话语,又呈现出灵动与生机。右图是飞翔的鸟儿,飞向远方,带着意味深长的提问"你的家在哪儿?你在哪儿?"白云中飞翔的鸟儿,带着美好和向往,带着思绪与追求。它和左图的房子遥相呼应,一静一动,犹如一呼一吸,自然流畅,清新舒适。家中的孩子已经知晓鸟儿的答案，那么远方的人呢？动静结合，给人无尽的思索。

第二幅画更像是正播放的电影，画面中的人们都是进行式：行走着的人、思考着的人、工作着的人、学习着的人、对话着的人。虽然画面以深灰作为基调，但是汽车窗口中亮色的点缀，以及表情姿态各异的人们，让这个夜晚有了更多不一样的意味，远处空中的银色弯月，也在铺洒银灰，渗透着"家在路上"意境。

联结旋律

"家在路上"表达着家不断地完善的过程。是啊，每一天、每一时、每一分、每一秒，家都在不断地建设之中，从未停止。家并非固定与静态，而是流动与延展。生活中的点滴都是在感受着家、发展着家。

家塑造了孩子，孩子也成就了家。那么就此机会，让我们家长和孩子一起来说说"家"吧！

第一个环节，给"家"下个定义、做个比喻。孩子和家长对于家的理解是一致的吗？

第二个环节，家的辩论，孩子和家长一起来做个小辩论。辩论的主题就是"家改变了人，还是人改变了家"。可以通过自主选择或者抽签的方式决定谁来表达哪一方观点。

第三个环节，变身大法，请孩子变成第一幅画中的那个孩子，让他/她说一说，这是怎样的家，以及这个孩子有着什么样的性格。

当三个环节结束后，我们又有什么新的领悟呢？

最后请我们的孩子为"心中的家"画一幅画，而我们的家长请将孩子的画好好装饰，挂在家中醒目的位置，这将是我们"家"的能量之源。相信无论何时，站在画前，亲子间的共鸣和理解又会悄无声息地增加。

读与听

有一架巨大的钢琴被放在草原的正中央，来了100个孩子，他们在钢琴上做游戏；有一块巨大的肥皂被放在草原正中央，来了100个孩子，在肥皂上浇了水，欢乐地滑呀滑；有一部巨大的电话被放在草原正中央，来了100个孩子，到处拨呀拨；有一卷巨大的手纸被放在草原正中央，来了100个孩子，在雪白的纸上滚来滚去擦屁股；有一个巨大的玻璃瓶被立在草原正中央，来了100个孩子，躺在瓶子里等天上落下的星星；有一个巨大的桃子被立在草原正中央，来了100个孩子，把桃子打烂，变成了桃太郎；有一个巨大的打蛋器被立在草原正中央，来了100个孩子，用打蛋器在天上搅来搅去，搅得天空下起了雨；有一个巨大的电风扇被立在草原正中央，来了100个孩子，按下了开关，大家都被吹走了！

《来了100个孩子》［日］长谷川摄子/著
［日］降矢奈奈/图 刘洋/译 北京科学技术出版社出版

这是多么有趣又有想象力的故事，有时觉得这 100 个孩子好可爱，有时觉得这 100 个孩子好可气；有时觉得这 100 个孩子太纯真，有时觉得这 100 个孩子太顽皮。草原还要这 100 个孩子来吗？我想草原一定还会让孩子们回来，看着他们在不断涌现的新事物上一再体验，虽然这个过程有苦恼、有心酸，但也有欢乐、有幸福，如果没有这 100 个孩子，草原也会失去所有的乐趣，这就是草原"家"的胸怀吧！

孩子的成长过程永远会像这 100 个孩子这样，感受他们想感受的，体验他们想体验的，不停地变化着花样。孩子兴奋开心的时候，可能我们家长会担惊受怕。明明给你架钢琴，让你弹奏美妙的乐曲，孩子却视而不见，只顾自己的游戏；明明给你肥皂是让你洗去污垢，孩子却用肥皂水滑来滑去；孩子用平凡无奇 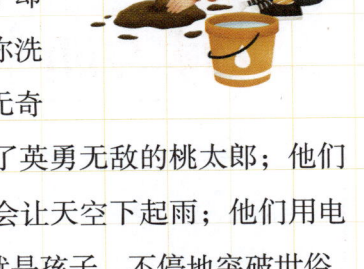 的玻璃瓶做成了天空观察仓；用普通的桃子变成了英勇无敌的桃太郎；他们用打蛋器在天空搅来搅去，作出神奇的事情时也会让天空下起雨；他们用电风扇发出巨大动力的时候，也会把自己吹跑。这就是孩子，不停地突破世俗，带来麻烦的同时，也在创造惊喜和奇迹。

孩子降临世间的同时就已经给身边的人带来了一份礼物，那就是体验可能性。著名的教育学家马克思·范梅南在《教育的情调》中写到："孩子之所以是孩子，就是因为他们在成长，在体验着生命，同时也在体验着生活的各种可能性。"成年人总是怕孩子会虚度光阴，怕孩子不会生活，其实没有谁能比孩子更好地在感受光阴，体验生活。所以从这个角度来说，这 100 个孩子，其实是我们成年人的老师！

说与写

对照这两幅图，你觉得这是怎样的100个孩子？你更喜欢哪一幅呢？

　　第一幅画和第二幅画中都是100个孩子和一个巨大的物件，给人的感觉却是非常不一样的，第一幅画中的孩子动态十足，热情奔放，不用弹奏，他们本身就已经是一首欢快的歌曲了。那个站在琴沿、头发飘扬、眺望着远方蓝天和草坪的孩子更是让人感受到无限的希望。第二幅画中的孩子姿态万千、静谧沉稳，宁静中一切都是那么美好，瓶子也因此闪耀着神秘的荧光绿，有希望、有温暖、有灿烂。那个守在瓶口的孩子，睡梦中肯定看到最美的星星。

　　这就是我们的孩子，非常不同，无限宽广，就如河合隼雄在《孩子的宇宙》这本书里说的那样："每个孩子的内心，都存在一个宇宙，以无限的广度和深度而存在。"这无限广度和深度的宇宙,我们家长们能够察觉吗?是不是有时候被孩子小小的身体所蒙蔽,而忘记了他们所具备的能量。他们可以看到星星的轨迹,可以搅动天空,更是能呼风唤雨。

联结旋律

想构建什么样的家?首先要先弄懂这100个孩子,弄懂了孩子后,再和他们一起构建大家都想要的家。

孩子想要的家,从来都是一个能够让他们感觉温暖和能够依靠、觉得自在与欢乐的家。无所谓大小、地点与设施,即使宫殿般装饰的家也会让孩子觉得阴冷黑暗如同洞穴。而充满了安全感和爱的家,即使简陋,孩子也会找到无限的乐趣。孩子想要的家,也一定是我们家长所期待的家,只不过有时家长们会迷失在建设的过程中。

如何保持一直建设孩子所需要、所期待的家这个过程呢?

"调和":父母通过内在心理状态与孩子保持调和,并与孩子进行非语言信息的适时沟通。"平衡":孩子一旦与父母的心理状态达到调和,就能获得身体、情绪以及心理状态上的平衡。"一致":如果父母与孩子的关系既能使孩子感受到平衡,又能使他在与其他人相处时与其建立起心理上的联结,孩子就会产生一种协调一致的心理感受。因为只要实现了以上三点,安全型依恋的关系就一直存在。

回到前面(P139)说的个案一中的小金,我们来看一下"调和""平衡""一致"在这个家庭中是怎样的?

小金与父母的亲子关系是典型的回避型,首先,小金的父母对于小金在成长过程中出现的学习问题不知道如何应对,第一反应便是抱怨,抱怨孩子出现问题,抱怨问题为何无法解决。并没有给予小金成长中真正需要的引导和帮助。其次,小金的父母不知道成长中的小金真正需要的是什么,对小金的情感需求不能做出正确的回应。当小金向父母倾诉学习辛苦的感受时,父母并未很好回应，而是用"必须学习"的命令将小金刚刚打开的心门又"砰"的一声关上了。这种回避型的亲子互动模式所带来的后果就是，小金面对问题时总是怨天尤人，无法恰当地表达自己的情感需求，同时也不能很好地回应他人，这些引发的后果就是生活中的小金总是不断地和他人产生矛盾，无法拥有自己正常的人际交往，同时对于学习中的问题往往也无法直视。

如果要形容一下小金和父母，那么这两个短语是再恰当不过了，那就是"被压抑的大人"和"委屈的孩子"。小金的父亲从小生活在一个艰苦而严苛的家庭，小金的爷爷奶奶没有什么文化，对孩子的教育却非常严格，坚持"棍棒底下出孝子"的理念。他们平时和孩子之间没有太多的语言沟通，就希望孩子能好好读书，当孩子读书偷懒或者顽皮时，使用的主要方式便是"打"。在这种家庭环境下成长起来的小金父亲，通过自己的努力，成为事业颇有前景的职员。小金父亲的生命哲学观就是人一定要通过自己的努力，为自己的未来负责。表面上看这是非常上进而有动力的人生观，拥有这样的人生观的背后却承载着一直压抑着的情绪和不合适的亲子互动方式。小金父亲将这样的人生观带入自己对孩子的教育中，殊不知这样也同时带来了两个隐含着负向能量的情绪和互动。父亲无法同感小金的情绪，以自我标准确定的要求在不断入侵着小金的内心世界。当小金反击时，父亲就会以小时被对待的方式"打"来解决问题。

这些给小金带来的不是积极的改进，而是压抑、愤怒和无力感。这也是小金为什么在人际交往中总是像只刺猬一样指向他人他物，这其实是小金内心的防御机制在运作。

小金的母亲有个弟弟，从小家人就将所有的关注都投向了弟弟，对于小金的母亲基本处于一种放任不管的状态。这也是小金母亲很早就离开了家庭，独自谋生，后来早早嫁给小金父亲的原因。小金母亲说自己年轻时比较贪玩，喜欢享受生活。尽管现在已经下定决心要好好工作，好好教育孩子，但工作真心不易，总是有这样那样的问题困扰着她，这也是她那么急切希望小金可以好好学习的关键。小金母亲觉得，小时候因为弟弟，自己失去了父母更多的关爱，现在又因为这个孩子这样那样的问题生活在不断地惩罚着自己。

从小金母亲的成长经历中不难看出小金母亲的内心其实有一个没有长大的非常委屈的孩子。这个孩子每当小金母亲面对难题时就会跳出来，让小金母亲的内心充满了委屈和愤怒，而对外的表现就是不停地抱怨，抱怨工作、抱怨小金、抱怨家人。这个抱怨也不断地投射在小金问题的处理上，抱怨阻碍了母亲和小金产生情感共鸣的机会。小金向母亲真诚地表达自己内心的感受时，更多是希望得到母亲的认可和理解。这时，母亲内心委屈的孩子会在第一时间跳出来，那就是："我已经很委屈了，你还在诉苦，怎么会这样？"

以上我们可以清晰地发现，小金父母内在的心理状态是无法与孩子保持调和的，与孩子进行语言或非语言的信息沟通都没能实现这一点。调和未达成，自然小金就无法获得身体、情绪以及心理状态上的平衡，自然就问题不断，并且难以解决。同时，小金父母和小金的关系并不能使小金感受到平衡，小金因此无法在与其他人相处时与其建立起心理上的联结，所以产生不了协调一致的心理感受。由此我们可以看到"调和""平衡""一致"是一环套一环的，前面的环节没有实现，就很难达成后面的结果，所以，首位的"调和"是我们家庭生活中要好好去感受和领悟的，"调"是为了达成"和"，而要真正达成"和"，"调"又不能是表面上的"调"或者牵强附会的"调"，是要真正发自内心的完善和改变。

画语心声

什么是家？

咬咬

1 小鱼问妈妈："妈妈，家是什么？"
妈妈说："家是这长长的溪流，一直蜿蜒……"
小鱼想：原来这就是家啊！

2 第二天，小鱼见到了小鸟。
小鱼说："你知道吗？家是一条弯弯的溪流！"
小鸟问："但我不住在河里啊，我的家是什么？"
小鱼摇了摇头，说："不知道。"

3 小鸟回家后问爸爸："家是什么？"
爸爸回答说："家就是我和你妈妈一起搭的这个温馨的窝。"
小鸟点了点头。

4 这一天，
小鸟飞到了小孩这儿，说："你知道吗？家是由树枝搭建的窝。"
小孩问："可我住的房子是由砖瓦建成的，不是树枝啊？"
小鸟摇摇头说："不知道。"

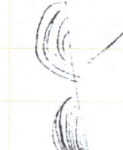

5 餐桌上，小孩问爸爸妈妈："家是什么？"
爸爸问："你觉得呢？"

6 小孩说："家可能就是我们住的砖瓦建成的房子？"

7 "不只是房子。"爸爸回答。"还有我，你和你妈妈，还有……"

8 "我们之间的爱！"

男孩吱吱爱看绘本，但总是不敢尝试创作。他故作深沉地说道，"我画得不好，字写得也不好，可能会贻笑大方啊！"妈妈说："我们不是美术比赛，也不是书法较量，只要把自己心中的感受和想法通过图画和文字表达出来就可以了。"于是，这天吱吱牺牲了自己半个多小时的踢球时间完成了这个创作。

这是个有趣的故事，一环套一环，层层递进，每个人都在找寻家的答案，每个答案都是那么的可爱和不同。这又是个非常巧妙的故事：小鱼、小鸟、孩子、爸爸、妈妈，他们是一条递进的故事线索，又是一个循环反复的圆。每个人都是主人公，每个人又都是他人线索，最终让我们找寻到，也感受到家的真谛。每个人都有自己不同特色的家，而每个家都是由成员之间的爱所组成，这也就是所谓的"不同家，共同爱"吧！

很难想象这是一个十来岁的孩子用半个小时创作出的绘本，虽没有精美的图画和华丽的辞藻，但巧妙的创意、质朴的语言和真挚的情感，已让人深深触动，无论是长长的溪流还是树枝搭建的窝，亦或是砖瓦建成的房，这些都是孩子心中最美的家。

为什么呢！因为这里有孩子对于家最大的期盼——Family Love（我们之间的爱）啊！

给家长的话

致孩子：
当我看着你，我就在想你将拥有怎样的美好。
当你很小的时候，你就是那个我想了解的人，
…………
大声唱着只有你懂的语调，
会说让人意想不到的故事，
在照顾花草中领悟万物生长的奥秘，
…………
你将拥有你想成为的模样。

《愿世间一切的美好都属于你》
［美］艾米丽·马丁 / 著　范晓星 / 译　新星出版社出版

"愿世间的一切美好都属于你"这是家人的心愿，也是家人所能带来的能量。那么世间的一切美好又是什么呢？它可以穷尽吗？可以给予吗？

美好并非固定的事物，而是家中人的感受、体会和触动。在家人的呵护与能量给予下做自己想做的事，成为自己想成为的模样，拥有一颗找寻最美风景的宽广的心。

当你拥有这样宽广的心，世间的美好怎能不环绕在你的身边呢？

如何让家发挥出能量，让人拥有世间的美好？如果家没有安全、稳定、良好的依恋关系存在，一切可能都无从谈起，这其实也是家的本质和内涵。

那么让我们看看依恋理论的创始人著名心理学家约翰·鲍尔比在代表作中的一些精彩的研究结论吧，可能会让我们更好、更快速地触碰到依恋的核心点：

1. 依恋是人类的本能，良好依恋关系可以给孩子提供成长中最大的能量，也是影响孩子未来人生的重要线索。依恋关系对孩子未来的自我控制力和自我复原力有着较大的影响。安全依恋的儿童往往是适度控制，而焦虑和回避型依恋儿童往往是过度控制或过低控制。

2. 依恋行为并不会随着童年结束而消失，而会持续终生。

3. 依恋最容易发展的阶段是有时间限制的，一旦过了这个阶段，尽管还是有可能会依恋一个新的客体，但这一进程会变得更加困难。

4. 依恋行为可以发展并指向一个与满足孩童生理需要完全无关的人物；人类的依恋行为可以在没有传统的食物或温暖奖励的情况下发展出来。

5. 能够清晰地决定孩子依恋人物的变量是一个人对婴儿做出反应的速度以及他与婴儿互动的强度。

6. 物质的满足并不是孩子快乐的源泉，只要依偎在让他感觉安全、温暖的父母身旁，那就是最大的快乐。

7. 陌生的环境并不是让孩子恐惧的根源，只要有父母的陪伴，环境的负向影响就很难产生。

8.在安全型依恋关系中的孩子能更好地探索世界。如安全依恋的儿童更有社交能力，玩耍时更有效率更好奇，对其他儿童的痛苦更加同情。

以上的八个观点，乍一看好像有些理论化，其实背后都是有着大量真实而具体的科学实验支撑着，从鸟类动物——哺乳动物——灵长类动物——人类，人们在不断丰富着对于依恋的认识和理解，依恋是存在于亲子间的最本能、最特别，也最关键的关系存在，对人的发展非常重要，对人的影响持续一生，只要有良好的依恋关系在，什么"给不了孩子最好的生活条件""无法预估环境变化带给孩子的影响""教不了孩子面对世间艰险的方法"……这些担忧和困惑都可以统统放下。就像上面的绘本中所说："小小的孩子会藏住一颗宽广的心，会把困难一扫而光！"

在我国学者的相关实证研究中，也纷纷显示出亲子关系对孩子成长的重要影响作用。如北京师范大学心理系教授高玉祥在父母态度对孩子人格的影响方面进行了精彩的概括：

父母的态度	孩子的人格
支配的	消极的、缺乏自主性、依赖的、顺从的
干涉的	癔症、神经质、被动的、幼稚的
娇宠的	任性、放肆、幼稚、温和
拒绝的	自我显示、冷淡、乱暴的
专横的	反抗的、情绪不安定的、依赖的、顺从的
民主的	合作的、独立的、坦率的、社交的等

在鲍尔比30多年的研究中还有很多非常具体又精彩的实验，向人们真实而生动地展示依恋对人发展的重要作用。感兴趣的家长和孩子们可以去看一看相关的著作《依恋三部曲》。下面我们就节选书中一些生动的实验，让大家一睹为快：

德詹丽克入院时母亲不在,独自度过了几天的时间。她总是无精打采地躺着,不想吃东西,但只有在睡梦中才会哭泣。她并不排斥做各种检查,当护士扶她坐起来的时候,她会立刻转过身又躺下去。第三天,她妈妈来了,她一看到妈妈就哭了起来,随后安静下来,显得异常饥饿,喂饱之后就开始微笑和玩耍。当医生走进病房时,差点没有认出这个孩子,她发生了翻天覆地的变化,她没有躺着睡觉,而是在母亲的怀里微笑,一个心理上抑郁而且持续昏睡的孩子在一夜之间变成一个快乐的小女孩,周围所有的事物都令她感到快乐,她总是在笑。

《依恋三部曲第一卷:依恋》

亲子间天生的纽带无人能替代。

洛蒂是一个正常的、语言表达能力很好的孩子,她是家中三个孩子中最小的一个,洛蒂在两岁多一点的时候准备上幼儿园了。前两次去幼儿园,母亲一直陪着她,在第三次,母亲短暂离开后,洛蒂还一直笑着喊着家人的名字。可接下来,洛蒂对母亲离开的反应要比之前强烈得多。在第18次的前一天,洛蒂在家里始终跟着母亲,随母亲在房子前后转,并紧紧抓着母亲。接下来的一天，洛蒂在幼儿园里，当母亲和她说再见的时候，她就大哭起来，非常伤心。与母亲预期不同的是，洛蒂到了幼儿园非但没有稳定的进步，行为反而恶化了，她根本无法忍受母亲的离开。在学校时会粘着母亲，几乎不能像之前那样独立玩耍。她的游戏行为也是有限的，退行的，不受控制的，有时还会出现暴力行为。在家的时候，她不能控制小便了，这是在她已经能够控制小便后的首次失控。之后，当洛蒂的母亲出去后，洛蒂被留在家里和一个熟悉的人在一起时，她也会表现出对母亲的强烈依恋，也变得越来越顽皮、越来越不听话。过了一个学期后，洛蒂渐渐接受了母亲必须离开的事实，可她在游戏的过程中还是无精打采、三心二意。当母亲回来的时候，洛蒂的第一句话就是"我刚才没有哭"。然而在学期最后的四周，当母亲离开后，她又哭了。

《依恋三部曲第二卷：分离》

"孩子的行为应该符合成人的预期。"这其实是我们很多父母的潜意识，并以此为标准看待孩子、要求孩子、引导孩子。但在孩子还没有完全准备好，或是还没有发展成熟到这个阶段时，成人的预期往往会给孩子的成长带来无限的压力，虽然一些孩子可能也渐渐朝着大人所期待方向的去改变，殊不知，这些压力下的被动改变也会悄悄地为未来埋下了很多的隐患。

建立良好依恋关系并没有想象中的复杂与艰难，其实很日常也很实在。如果用两句话来概括，那就是：不可缺失，用心陪伴！关注期待，积极反馈！

第 10 章
"孩子气"的宽容·理解·表达

把屋子里堆满东西,把东西扔得到处都是,孩子天生就是邋遢大王吗?

——不,他可能只是喜欢被喜欢的东西包围,希望爸爸妈妈和自己一起玩游戏。

 精心烧好的饭菜,却剩了那么多,孩子真的是挑剔大王吗?

——不,他可能真的是不饿。

那么危险,站着荡秋千,孩子真的是捣蛋大王吗?

——不,他可能只是希望站在秋千上看得更高。

 磨磨蹭蹭,总是最后一个,孩子真的是拖沓大王吗?

——不,他可能已经很努力,而且他觉得这不是比赛。

明明自己做的事却不承认,还说是别人,孩子真的是撒谎大王吗?

——不,他可能只是不想让妈妈生气,想让妈妈笑。

这就是孩子的理解,真诚而简单,但常常让家长无法理解,从世俗的眼光来看,孩子可能是邋遢大王、挑剔大王、捣蛋大王、拖沓大王、撒谎大王,但其实孩子就是孩子,最单纯可爱的孩子!

读与听

小兔觉得妈妈好讨厌,就喜欢睡觉,不管小兔早上是否饿了。妈妈就喜欢看电视,却不让小兔看动画片。说生气就生气,总是催小兔快点,她有时却慢吞吞。来幼儿园接小兔总是迟到,还忘记洗衣服,一双袜子让小兔穿两天。还说她不能和小兔结婚,无论小兔长到多大。所以小兔要离开妈妈,可走之前小兔还是忍不住打开房门,问妈妈,见到自己,高兴吗?妈妈说:"当然高兴啦。"小兔又回到了妈妈的身边。

《我讨厌妈妈》 [日] 酒井驹子 文/图 彭懿/译
南海出版公司出版

故事一开头,就说"小兔觉得妈妈好讨厌",看来小兔和妈妈之间产生了矛盾,是因为什么呢?哦,原来是妈妈没及时给小兔做早饭,不让小兔看动画片,总是催促小兔,不按时接小兔,还忘了洗小兔的袜子。哎呀,兔妈妈确实有些地方没有照顾好小兔,难怪小兔会讨厌。

小兔会一直生妈妈的气,一直讨厌妈妈吗?当然不会,瞧,小兔还是想待在妈妈的身边,还是希望看到妈妈,当听到妈妈说见到自己很高兴,那还有什么讨厌的事情不能化解呢!

妈妈爱睡懒觉、爱看电视、爱催促自己、爱忘洗衣服,但无论怎样,这是自己的妈妈呀,只要妈妈还爱自己,又有什么问题呢!这是孩子对父母纯粹且无条件的宽容和爱。

说与写

要离开妈妈的小兔,还是忍不住回来再看一眼妈妈,问一句自己最想问的话。请分别从小兔和小兔妈妈的角度说一说他们的内心语言吧。

打开的门,是通道也是光明,虽然没有正面绘画兔妈妈和小兔的目光交流,但是从侧脸中已经能深深感受到兔妈妈和小兔之间的联结。

小兔想要离开妈妈,不是因为他不爱妈妈,而是他担心妈妈不爱她,忍不住回来再问一下妈妈,当得到妈妈肯定的回答后,之前的烦恼都烟消云散了。只要妈妈还想看见自己,只要妈妈还爱着自己,还有什么问题呢。<u>孩子们从来都不会想要一个完美的父母,他们想要的是一个一直爱着自己的父母。</u>而我们的父母呢,往往想要的是一个完美的孩子,什么方面都要表现好,不出差错，这时不妨换位思考一下：如果您是孩子，您可以什么都做到完美吗？

兔妈妈看着小兔，虽然睡意蒙眬，但此时一定在快速思考到底小兔是怎么了？可能也突然领悟之前对于孩子的疏忽。但有一点是毋庸置疑的，那就是父母见到孩子怎么会不高兴呢！孩子的这个提问，应该引发我们家长更多的思考，在孩子给了父母这么多宽容和机会的同时，是不是也要给孩子更多的宽容和机会呢！

联结旋律

曾经有一档亲子采访实录节目，节目中主持人问家长，如果给自己的孩子打分，您会打几分？家长们有的说60分、70分、80分、90分，但几乎没有说100分的。家长总觉得孩子不够完美，在这方面或那方面还有不足。而在另一个录播室，主持人问孩子，如果给爸爸妈妈打分，你会打几分。几乎所有的孩子都说，100分呀，虽然爸爸妈妈有时会凶自己，但是他们是自己的爸爸妈妈呀！事后当家长们看到孩子们的打分后，后悔、落泪、感动，心中五味杂陈。

作为家长，我们其实特别需要这种"孩子气"的宽容，给予孩子无条件的关爱。哪个家长不爱自己的孩子呢，但是往往在无意识当中，把这种爱和一些条件挂钩起来。可能您觉得这是为了让孩子变得更好，但有了附加条件的爱反而会成为孩子成长的阻碍。一定要相信孩子的直觉和敏感，有条件的爱可能成不了孩子变得更好的动力，反而会引发孩子觉得父母不够爱自己的难过和伤心。

向孩子看齐吧！学一学这种天下最珍贵的宽容，要相信永远最爱你的孩子。看，在这种宽容下，很多的亲子问题已经不翼而飞啦！

读与听

妈妈就像一台生气机，"快点收拾好""又剩这么多""又站着荡秋千""又是最后一个""又撒谎""为什么不说对不起"，妈妈是不是讨厌我呀？可爸爸说，上次我从滑梯上掉下来摔破头送进医院时，妈妈一整夜都没睡，不停地祈祷："保佑我的孩子，只要他能平安无事，他想做什么都行，不吃蔬菜、尿床、不收拾屋子、撒谎，通通没关系，只要他在我身边就好。"原来妈妈是喜欢我的，而我真的真的很喜欢妈妈。

《妈妈又生气了》［日］小西贵士/著 ［日］石川惠理子/图
刘洋/译 北京科学技术出版社出版

这个妈妈就像很多妈妈一样，希望孩子可以更好，收拾能力更强，吃饭吃得更好，动作更快，更加诚实，更加有礼貌……

总而言之，在孩子身上，妈妈总觉得还有太多需要进步的空间。可是，很多时候会事与愿违，很多时候即使婆口苦心对孩子说，"爸爸妈妈这么做，都是为你好呀!"但是孩子好像并不领情。难道真的就像一些父母所说的,"这个孩子就是我的负担"?

说与写

画面中孩子是怎样的感受,妈妈又是怎样的感受呢?生活中有过类似的体验吗?可以相互说一说。

画面中小男孩是着急的,拼尽全力的,虽然他不太理解这会儿又不是比赛为什么要快,但他还是希望能达到妈妈的要求。妈妈双手交叉抱在胸前,表现出拒绝、无奈的姿态:"为什么这么慢?为什么达不到再三和他强调的标准?看看别人家的孩子早已经弄好了。"但是此刻小男孩最最需要的是什么呢?是妈妈的埋怨?是将他与人家孩子的比较?当然不是,他最需要的是妈妈的认可、鼓励和支持。"妈妈已经看到你在快速又尽力地准备,不要慌,妈妈会等你，你已经比昨天好一点儿了，加油，这样我们就可以不迟到啦！"我想如果此刻妈妈能够这么说，既表达了期望，又给孩子注入了动力，此时小男孩的表情和动作是不是会有明显的不一样呢？亲子之间流动的气场是不是会有明显的改变呢！

联结旋律

中国青少年研究中心家庭教育首席专家孙云晓主张，"教育的核心是学会做人，培养一个真正的人，重在培养孩子的健康人格，而实现这一目标特别需要重视培养良好习惯。"现今的家长们也深深感受到了这点，所以对孩子良好习惯的培养越来越重视，也用尽心思，往往却遇到很多阻力，事与愿违、效果不佳，就如上面绘本中的这位妈妈，充分重视，反复强调，孩子却无法将好习惯入心、入行，这到底是怎么回事呢？孙云晓先生曾带领强大的科研团队，在10年的课题研究中，向我们揭示了一个很重要的"秘诀"，那就是"习惯培养的过程中是两代人相互学习，共同成长的过程，其中好的关系胜过许多教育。"而好的关系的建立，首先要相互理解。

理解的产生一定是建立在双方对等的基础上，当我们用要求和命令的口吻表达着我们的关注和期望时，另一方是无法收到对等信息的，

对方感受到的可能更多的是嫌弃和指责。就像这个绘本中的孩子，已经在怀疑妈妈是不是不爱自己？妈妈是不是讨厌自己？幸好爸爸告诉了孩子，妈妈对于孩子深切的爱。

那么为什么我们一定要等到有重大事情发生才能体会到"无条件去爱"的重要呢？其实平日里的我们如果能用"孩子气的理解"，那么无论是孩子，还是家长都会有不一样的改变！

就像本章篇首语中所描述的"孩子气的理解"，如果我们的家长也能和孩子一样，能够"孩子气"地理解孩子，那么你可能会拥有一个更加可爱的孩子。

读与听

我和好朋友小龙吵架了，妈妈却说我太任性，太爱发脾气，我很委屈和难过。爸爸让我以后不要和小龙玩。我想象了一下，感觉有些孤单和难过。哥哥让我捉弄小龙。我想象了一下，还是觉得不开心。奶奶说："你和小龙吵架，是不是心里很难受，是不是想和好，却不知道怎么做，觉得很为难？"听完奶奶的话，我竟不再生气，想马上就要和小龙和好，心里觉得暖暖的。奶奶的耳朵有魔力，能听到我的心里话。奶奶笑着说，你爸爸妈妈的耳朵也有魔力，只不过有时他们会忘记，你只要坦率地说出内心深处的想法，就能唤起魔力。有一天，我在练习钢琴，却怎么也弹不好，当妈妈听到我说"再也不想弹钢琴了"，妈妈说："你就是太爱发脾气了，那么讨厌的话，就别学了。""我其实很喜欢弹钢琴，可是总弹不好有点沮丧。我不是爱发脾气的孩子。妈妈因为这个生气，我就更难过了。"我一口气说出了自己的想法，妈妈温柔地说："对不起，其实你很喜欢弹琴，只是弹不好有点着急对不对？"妈妈的耳朵也有魔力啦！

《我不想让妈妈生气》[日]濑川文子/著
[日]望月麻里/图 肖潇/译 北京科学技术出版社出版

孩子和别人吵架，回来和家人诉说，其实真正想要的是什么？

▶ 被埋怨——太任性，太爱发脾气；

▶ 被教育——以后你就和别的小朋友玩；

▶ 以牙还牙——别人捉弄你，你也捉弄他。

以上的三种答案可能都不是孩子希望的。本来心情就不好，再被埋怨只会更加不好；不要再和这个孩子玩了，这不仅是逃避，更是会让孩子觉得自己对于朋友的选择是个错误，如果这是孩子所珍惜和重视的朋友，那么孩子会觉得更加难过；本来就讨厌被这种方式对待，如果教孩子再用他所讨厌的方式对待别人，那么孩子不就成为自己最讨厌的人吗？

这时孩子可能最想要的是理解和支持，而不是教孩子这样或那样的方法，也不是代替孩子去吵架，而是理解孩子心中所感，支持孩子积极面对和勇敢行动。

让家长的耳朵有魔力，孩子需要这样的家长，家长更需要有这样的能力。

说与写

对比两个画面,有什么不一样的感受呢?你更喜欢哪一幅?为什么?

　　两幅画面有两种完全不一样的感受氛围。第一幅画,充满了对峙、不解和禁锢。妈妈和女儿都有情绪,你不看我,我不看你,表面的联结都没有,就更不必谈内心的联结了。大家可能都有委屈,都有难过,都有愤怒,但是我的委屈、难过、愤怒你不懂,你的委屈、难过、愤怒我也没觉察。

　　第二幅画,女儿和妈妈紧紧地依偎在一起,两张极具感染力的微笑脸庞,是那么和谐。这份流淌着的和谐，除了物理上的相像，更多的应该是心意相通所带来的快乐吧！

让耳朵有魔力的秘诀

孩子产生的情绪问题很多都与家长有关。这里指的不是那些直接的、正面的由家长带给孩子的情绪，而是那些孩子因为担心家长的情绪而产生的情绪困扰。这些情绪在孩子成长的过程中会占据比较大的部分。

既然是因为担心家长的情绪反应而产生的，那么应该很好解决，只要家长表示不会有相关的情绪不就行了吗？但其实并没有那么简单。这里很大的一部分是，孩子常常不会表达自己的内心想法，明明是担心妈妈会生气，自己却先发起火来，结果妈妈更加生气。明明是担心爸爸会失望，自己却说我就是笨，做不了，结果爸爸更失望。孩子希望父母理解自己的感受，但往往不能准确地表达出来，家长常常获取到不对等甚至相反的信息，结果事与愿违。父母和孩子都非常难过，这些也是亲子冲突产生的重要源头。

这里解决问题的关键在于孩子，而让孩子做好，又需要家长的引导。就像《我不想让妈妈生气》的孩子幸好有这样的一位奶奶,但是如果孩子没有碰到这样的奶奶,可能问题就要不断地延续下去了。所以,无论是孩子还是家长,学会真诚地表达内心的想法和感受是非常重要的。

这里要告诉大家一个好用的小秘诀,可以帮助大家更好地表达内心的想法,那就是把**"你信息"**变为**"我信息"**,具体怎么去做呢?

"父母来接孩子放学,结果没在校门口接到孩子。"遇到这样的情况,父母肯定会着急,不知道孩子发生了什么情况,但如果事后父母这样说:"你如果再这样,下次就不来接你了。"这是典型的"你信息"表达,那么孩子接受到的信息就是:"我是个惹父母生气的坏孩子。"孩子因为耽误了时间本来就心生愧意,害怕父母生气。如果此时孩子没能学会准确表达出自己的感受,通常会有两种结局:一种是孩子伤心难过,认定自己是个坏孩子。另一种是更加生气,和父母吵架。这是本能地掩盖愧意行为,相信这两种表现都不是我们家长想要的。而如果父母换一种反应,用"我信息"来说,"我们去接你,而你不在那里,我们感到很担心。"这时孩子接受到的信息则是,父母担心我,他们很在意我的安危。孩子在觉得温暖的同时,可能会把缘由仔细告诉父母,也会分享害怕让父母担心的感受。小小的一个"我信息"的变化,就让事情有了一个大的转变。

顾名思义,"我信息"就是从我的角度来表达,先客观陈诉事实,然后说出自己心中的感受,以及可能带来的影响。行为＋感受＋影响,没有指责,只有客观表述和自我感受的表达,这会让对方接收更准确的信息和自我的反思,促进双方的关系。

日常生活中,父母先从自己开始把"你信息"变为"我信息",同时引导和鼓励孩子真诚地表达自己内心的感受,相信在这样的一种愉快氛围中,我们的孩子会越来越准确地表达自己的感受,家长会更加理解孩子,如此循环,还会有什么亲子冲突呢!

让我们一起将"爱你在心口难开"变为"爱就要大胆说出来"。

画语心声

什么都知道的不知道先生
王泓九

你一定不知道 在世界上的某个瞬间

如果你想知道的话…… 会发生什么？

就去找"不知道先生" 他有一棵神奇的树

每一片叶子就是一个瞬间

比如 →

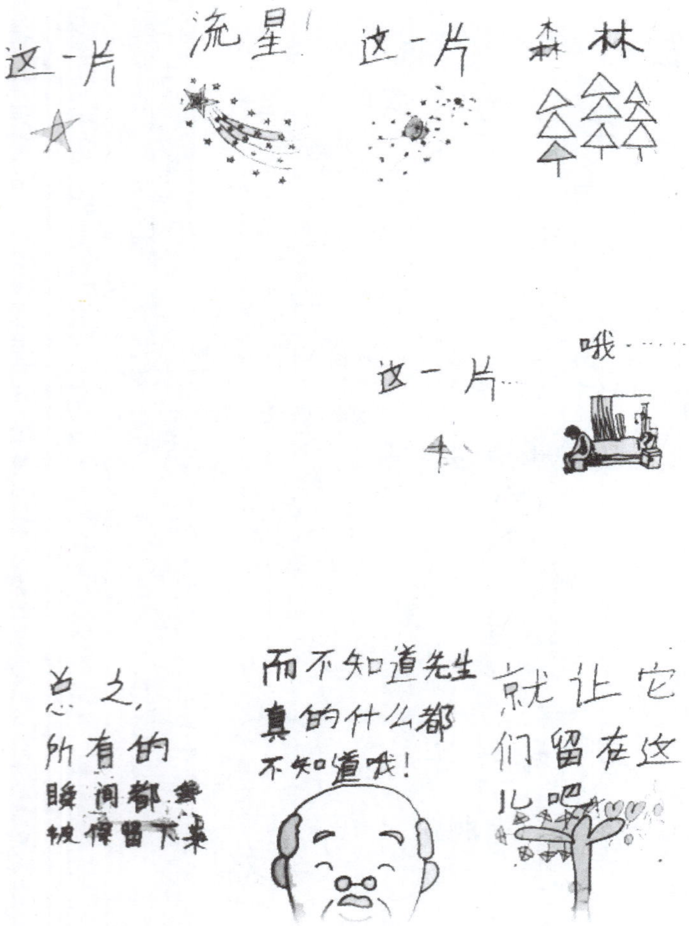

这一片 流星！ 这一片 森林 这一片 小宝宝！

这一片 哦……

总之，所有的瞬间都会被停留下来

而不知道先生真的什么都不知道哎！

就让它们留在这儿吧

THE END

这是个充满童趣又奇妙的故事，小女孩创作这个绘本想告诉大家的是什么呢？孩子的世界里，每片树叶都可能是一个瞬间，这个瞬间可能是难得一见的流星，也可能是广袤的森林，还可能是个可爱的小宝宝，亦或是人间的生老病死、悲欢离合。对于涉世未深的孩子，我们大人们总觉得他们可能什么都不懂，其实他们可能比谁都能真实地感受到这个世界的存在，人世间的变化。他们有自己的理解，他们用真挚的情感把这些经历都变成了一片片闪闪发光的叶子，每一片叶子上都有着最为宝贵的"瞬间"。

　　这位什么都知道的不知道先生到底是谁呢？他难道不就是我们可爱的孩子们吗！每个孩子都有一棵这样神奇的树，上面挂满了他们对于外界的感受和理解。家长和孩子一起好好欣赏这棵挂满"瞬间"的树吧，接下来会有更多神奇美好的故事发生哟！

给家长的话

有本畅销书叫《蛤蟆先生去看心理医生》。故事中的人物设定来自英国的一本经典著作《柳林风声》，故事中都是一些可爱又有个性的小动物们，其中的主人翁蛤蟆遇到了一些问题，他从一个热情、时尚又爱冒险的家伙突然陷入抑郁，不能自拔。朋友们纷纷出手相助，想尽办法，最后在大家的鼓励下，蛤蟆接受了心理咨询，在与心理医生白鹭的互动中，蛤蟆渐渐找回了快乐的自己。其中让蛤蟆恍然大悟的一个转折点就是白鹭和蛤蟆分享的一个神奇内容。这个内容对我们家庭中的每位成员，无论是孩子还是家长也都有着非常重要的启示作用，如果我们把握好它，可能会让每一天都变得更加阳光和快乐！

它到底是什么呢？它就是PAC交互作用分析理论。

P——Parent

A——Adult

C——Child

此理论主要的观点是：人类个体的人格特征由三种心理状态构成，Parent（父母）、Adult（成人）、Child（儿童），这三种状态在每个人身上都交互存在着，只不过这三种状态在每个人身上所占比例不同，这就形成了千差万别的人格特性。三种状态相互呈现，每个人身上总有一种状态占优势，不同性格特征的人在不同的情况下会不自主地选择不同的状态。每当父母、成人、儿童这三种心理状态分别占主导地位时，就会出现与此相应的言语和行为的表现方式。

当P（父母）型状态在人格结构中占优势时，其行为表现方式通常是：凭主观印象办事，独断独行，以权威和优越感为标志，甚至滥用权威，常会表现出统治、训斥、支配、教训、责骂等家长作风或其他权势作风。在人际对话中常用"你必须""你应该""你不能"之类的言语行为方式。

当 A（成人）型状态在人格结构中占优势时，其行为表现方式通常是：注重事实根据，分析问题客观理智，善于从经验中估计各种可能性然后做出理性决策，待人接物客观冷静、慎思明断、尊重别人、言语谦逊。这种人在人际对话中常用"我个人的想法是""客观地讲""理性地看""科学的方法是"等言语行为方式。

当 C（儿童）型状态在人格结构中占优势时，其行为表现方式通常是：服从、冲动、任性、任人摆布。一会儿逗人喜爱，一会儿又突发脾气。无主见、遇事退缩、感情用事、喜怒无常、易激怒。在人际对话中常用"我猜想""我不知道""也许是""恐怕是这样"等言语行为方式。

为了让大家更好的理解这一理论，这里选用两段《长大做个好爷爷》这本绘本中的小熊和爷爷的对话来让大家先直观感受一下：

爷爷："我最可爱的小小熊，你好吗？"
小熊："我很好。那我最可爱的爷爷，你好吗？"
爷爷："很好呀，就像一个好爷爷那么好。我老婆，这样子已经好得不能再好了。"

小熊和爷爷的这段对话，是平行沟通形式的一种，即C-C，爷爷以C的状态询问，符合小熊的心智特点，引发小熊的快乐情绪，让小熊更自然地回答。小熊也以C的状态询问了爷爷。爷爷继续用C的状态回答，在有趣生动中让小熊感受到爷爷的乐观和开朗。

小熊："爷爷，你可真懒呀，现在还没起床。"
爷爷："是啊，我一整天都没起床了啦。"

小熊不知道爷爷生病了，他以孩子的方式埋怨爷爷时。爷爷并没有以长辈的状态指责，"这个孩子真不懂事，爷爷生病了都不知道"。如果这样反馈的话，可能深爱着爷爷的小熊会受到重重的打击，会觉得自己很差劲。聪明的爷爷用了A的状态，以成人的方式进行了反馈，陈述了这个事实，也留给了小熊更多思考的空间。

《长大做个好爷爷》［澳］奈杰尔·格雷/著，［英］瓦奈萨·卡班/绘
金波/审译　外语教学与研究出版社出版

看完这两段对话，可能大家心中有了更多的联想和思考，可能正在对平日里自己与他人沟通的状态进行回顾，PAC 每时每刻都跟随着我们，当我们有意识地了解并积极调整时，会带来很多积极的连锁效应。

在 PAC 中会产生很多的沟通状态。一般分为两大类，一类是平行沟通，一类是交叉沟通。平行沟通一般会使沟通顺畅，交往顺利进行，而交叉沟通往往会使交流信息受阻，产生人际冲突。刚刚两段对话就是属于平行沟通的一种。

平行沟通一般有六种形式：P=P、A=A、C=C、C=P、A=P、C=A。交叉沟通的具体形式有四种：PC-PC、CP-AA、CP-CP、FC-AA。在亲子关系中比较好的平行沟通模式是 A=A、C=C、C=A。

A=A 是最理性最好的沟通模式。A 的状态对于成人来说更好调控，但对于一些年龄较小，或正在情绪上的孩子，可能无法马上进入 A 的状态。这时我们大人如果能保持 A 的状态，即使孩子是 C 的状态时，也能够进行较好的互动，而且会不断地引导孩子更快地调整到 A 的状态。

C=C 的状态要看具体的情境和事件。在一些情境下，C=C 可能会更好地促进亲子间的交流，或者是化解尴尬和小矛盾，但是不建议长期处在 C=C，这样不利于个体理性和成熟的成长。

C=P 是一个特别的状态。乍一看，应该属于不好的沟通模式，但是有时在特定的情境中，当孩子急切需要一个权威的指导者、或非常需要一个能帮助自己做出决策的人时，可能 P 的状态会让孩子更快接受，但是这不是通常情况，是在一些特别的情境中。

第 11 章
感受与喜欢

2021年的五四青年节，两大应用程序联合发布了一个青年的心声《我不想做这样的人》的视频，视频从全国各省市955位初中学生的同题作文中精炼出当代年轻人对成长与人生的思考。

孩子他们到底想成为什么样的人？尽管在视频的开头，两位演讲的初中孩子说："亲爱的父母、师长、前辈，其实我还不知道自己想成为什么样的人。"但是从视频中我们发现对于"不想成为什么样的人"，这群初中的孩子已经有了自己丰富的思考：

"我不想成为一个拿着锯子的人，随时随地，把人群锯成两半……不论对错，只争输赢。"

 "我不想成为一个浑身带刺的人，嘲讽别人的成功，嘲笑别人的失败。"

"我不想成为一个流水线上制造出来的人,没有独立的人格,只有预定的人设。"

"我不想成为一个隐身的人,需要挺身而出的时候,却藏在人群里。"

这些是孩子们真实的想法,也是孩子们最真挚的思考,这是他们未来行动的方向,也是力量的源泉。听到这些心声,家长们有什么样的思考呢?当我们整日把输赢挂在嘴边,当我们不许失败只许成功,当我们要求孩子也成为优秀的别人家的孩子。想一想,这些都是孩子最不想从父母口中听到的言语。他们要有自己的个性,要有自己的想法,要有自己的探索。就像下面绘本中这只要吃小孩的小鳄鱼,听起来有些荒谬,但这是他的梦想也是他的成长动力。从孩子的感受去感受,从孩子的喜欢去喜欢,你会更加喜欢他/她,更懂他/她,也更能看见他/她,支持他/她。

读与听

鳄鱼妈妈和鳄鱼爸爸每天都给小鳄鱼找来很多好吃的香蕉当早餐，希望小鳄鱼健康长大，小鳄鱼也吃得香香的。但有一天，小鳄鱼不吃香蕉了，他说他要吃一个小孩。鳄鱼爸爸给小鳄鱼带来有卡车那么大的香肠，但小鳄鱼不为所动。爸爸和妈妈又给小鳄鱼做了一个大大的、香喷喷的巧克力蛋糕，想让小鳄鱼忘了那个想法，但小鳄鱼还是坚持要吃一个小孩。鳄鱼爸爸妈妈抱着哭了起来。小鳄鱼朝河边走去，看见了一个小女孩，结果无论他怎样凶狠地露出牙齿，小女孩一点也不害怕，反而觉得他好小好可爱，小女孩一把抓住小鳄鱼的尾巴，还在他的肚子上挠痒痒，最后把他扔进水里。小鳄鱼跑回家，肚子已经饿得咕咕叫，大叫"我要吃香蕉，我要变强壮，然后再去吃小孩。"

《我想要吃一个小孩》［法］西尔维娜·多尼奥／著
多萝蒂·德·蒙弗里／绘 文小山／译 北京科学技术出版社出版

突然有一天，小鳄鱼不再像以前那样按照爸爸妈妈的要求吃香蕉了，无论爸爸妈妈拿出什么好吃的，小鳄鱼都不要，他只要吃小孩。

爸爸妈妈希望小鳄鱼能够忘掉这个想法，但是这个想法好像在小鳄鱼的脑海中扎了根，他们既担心小鳄鱼不吃饭，更害怕小鳄鱼去冒险。

小鳄鱼自己去探险，结果发现吃小孩并没有那么容易，乖乖回到家，主动大叫："我要吃香蕉，我要变强壮。"

小鳄鱼的愿望有点像弹力球，当你越要按住它，它可能会反弹得更高，当你让弹力球自己去探索时，它又会回归到原来的方向。

说与写

鳄鱼爸妈想尽办法做着美食。你觉得他们的行为会让小鳄鱼放弃吃个小孩的想法吗?你有什么更好的方法?

红日下的一排排小屋,象征着一个个温暖的家,绿油油的树木,蜿蜒的道路,也象征着家庭教育的任重而道远。近景中的鳄鱼爸爸和妈妈用尽全力,不停地交流讨论。熊熊的火焰也代表着鳄鱼爸爸和妈妈热切要改变孩子的心。但小鳄鱼呢?背对着爸爸和妈妈,充满了质疑和不解。

当孩子产生不在父母考虑范围的思想与行动时,家长们最先的反应会是紧张害怕,接着想尽办法要改变孩子的思想与行动,当想尽办法无效后,家长会沮丧和失望,要么放弃,要么更加严格地管控。这时的鳄鱼爸爸妈妈如果放下手中的烹饪,而是看看小鳄鱼,摸摸小鳄鱼,问问小鳄鱼:"宝贝,你怎么想到要去吃一个小孩?你觉得吃个小孩是什么样的感觉?你又打算怎么做呢?"这时可以想象一下小鳄鱼的表情,那该是多么快乐与欣喜呀,小鳄鱼可能会说出很多很多让父母觉得骄傲的观点。

联结旋律

"安全"和"探索"是孩子行为的基本目标,也是他们每日生活的主题。现实生活中,大人们更喜欢把已有的关于安全和探索的结论告诉孩子,那么导致的结果很简单,那就是我们通常所说的"不听话"。这非常不利于亲子关系的建立。就像故事中的鳄鱼爸爸和妈妈,想尽办法让小鳄鱼忘掉吃一个小孩的想法,但鳄鱼宝宝无论怎样劝说都坚持自己的想法。还好鳄鱼爸爸和妈妈没有把小鳄鱼暴打一顿,否则的话会更加坚定小鳄鱼要吃个小孩的念头。鳄鱼宝宝通过自己探索,发现吃一个小孩并没有想象中那么容易,很可能还要被小孩吃掉,于是小鳄鱼赶紧回到家,要让自己变得更加强壮,这样才能实现自己的目标。

世上没有目标的孩子可能是不存在的,因为"探索"就是他们的本能,但为什么我们会有很多家长觉得自己孩子得过且过,没有目标,没有动力呢?仔细回想一下,是不是在这之前,孩子已经被家长剥夺了太多探索的权利。没有探索,只有压抑,那么当然前进的目标就会逐渐消失。

什么样的目标最持久？发自孩子的内心，和他们自身需求相关的目标最持久，也最有动力。在这个过程中，孩子不仅会获得更大的成长，而且还会在探索中合理地舍弃一些在我们家长看来不安全、不切实际的目标。

尊重孩子的想法，了解他们想法的具体细节，可以适当创造条件和机会，对他们充满更多的信任和理解，让他们亲身去感受。小鳄鱼萌发了"要吃一个小孩"这样遥不可及甚至有些风险的目标可能也没有什么不好，因为在实现目标的过程中小鳄鱼会更加努力让自己变得强大，当他变得更加强大时，他可能又有了新的更加有意义的目标！

读与听

我喜欢打完预防针，妈妈带我去书店，表扬我勇敢，送书给我作为奖励，并让我自己挑选。

我喜欢当我尝试着收拾时，妈妈会说："哪里来的小精灵，把桌子都收拾好了？"

我喜欢妈妈早晨温柔地叫我起床，我迷迷糊糊又睡着时，再叫我两三次。

我喜欢母亲节那天，爸爸为妈妈做早餐，妈妈给爸爸一个亲吻，而我在旁边，等着妈妈拆我送的礼物。

我喜欢妈妈对我说："宝贝你一定做得到。"然后，我做到了。

《有些时候，我特别喜欢妈妈》[法]阿诺·阿梅哈/文 [法]侯邦/图 谢逢蓓/译 明天出版社出版

我喜欢爸爸让我骑在他的肩上，当我走路走得很累的时候。

我喜欢爸爸和我一起看橄榄球，他把规则告诉我，虽然我什么也听不懂。

我喜欢爸爸和我打架，好像是真的，但其实是假装的，我们在地毯上滚成一团，他还会说："兄弟，你怎么可以这样。"

我喜欢爸爸教我踢足球，他当守门员，故意没挡住球，还搞笑地一个跟头跌下去。

我喜欢爸爸给妈妈一个惊喜，妈妈很开心，并给爸爸一个亲吻。

《有些时候，我特别喜欢爸爸》[法]阿诺·阿梅哈/文 [法]侯邦/图 蔚迟秀/译 明天出版社出版

两本特别的绘本，一句句话语，一个个情景，展现孩子心中最喜欢的爸爸与妈妈的形象。

这些标准，没有惊天动地的大事，只有岁月流淌的日常，有些可能只是一些像小米粒一样很容易让人忽略的事情，这些在孩子心中却是惊天动地，却是完美无瑕，能够带给孩子巨大的力量。孩子对父母的爱总是那么生动、具体和无私，他们从不会说："我的父母必须在工作中是佼佼者，我才爱他们。""我的父母必须挣到最多的钱，我才爱他们。"他们要求的就是真实自然的父母，即使父母没有那么聪明、没有那么能干、没有拥有很多的财富，但只要是能够一直陪伴在自己身边的父母，只要是相亲相爱的父母，那就是最完美的父母。

在这些时候，如果父母能够和孩子共同度过美好的时光，那么就像书名一样，孩子会特别喜欢。这个特别喜欢其实就是亲子间的联结流动。

说与写

两幅不同的画面，却流淌着相似的韵律，你感受到了吗？

　　　　　　　　　　第一幅画最引人注目的应该是地上的一片狼藉，摔碎的碗碟。如果此时你是排斥、焦虑的心情，心中大叫："天呐，真糟！"，那么接下来你看到的是越来越让你糟心的情境，桌上也不比地上好多少，碗和杯子胡乱摆放，即将摔落，最让人崩溃的是此时孩子还龇着牙看着你。但如果你是以接纳、好奇的心情去了解，那么你可能了解到的是：哦！原来孩子是想在自己回来之前铺好桌子，放好碗筷，从未做过这件事的孩子是多么勇敢呀！摔破了碗碟他其实也很担心，有些担忧地看着你，不知道你会怎么想。不同的心情可能会读出不同的故事。第二幅画虽然是个踢足球的具体场景，却生动地呈现了最棒的陪伴，陪伴孩子就仅仅是待在孩子身边吗？就仅仅是孩子让玩什么就陪着随便玩玩吗？错，这不是陪伴，这只是待在身边。真正的陪伴应该是积极的互动、美好的心意相通。看，大象爸爸作为守门员，不仅展示了自己的技术，还让孩子获取了自信，更重要的是朋友式的风趣交流，让孩子更加深刻地感受到爸爸的亲切、友好和爱心。

联结旋律

家庭中生活的琐事实在太多，我们的孩子却能将我们家长一些记不清的细节记在心中，并上升为这就是我喜欢的爸爸和妈妈。孩子尝试着做以前没有做过的事情，但做得并不好，甚至还有些小糟糕，家长如果看到孩子的用心，不必吝啬，可以用风趣而幽默的语句表扬孩子。试想一下，孩子下次还会做得糟糕吗？当然不会。他会更愿意为家庭分担，并不断地磨炼自己的技术。

孩子的感受对自身的成长很重要，同样孩子的感受对于家长的成长也非常重要。

白雪公主的继母整天询问魔镜，谁是世界上最美丽的女人。如果让我们的家长问魔镜的话，可能我们的家长要问的是，世界上最好的父母到底是什么样？我又是怎样的父母？是的，为人父母，无论是一年还是十年，可能家长们时时都想知道自己是不是一个好的父母。

好父母的标准在哪儿呢？并不在家庭教育的理论书上，而是在孩子们的心中，孩子们的感受就是最真实客观的标准。以上的两个绘本是那么生动、形象又真实地呈现了到底什么是好的爸爸和好的妈妈。我们的家长领悟其中的要点了吗？虽然都是具体事件的陈述，背后却是一条条非常清晰的标准哟。

画语心声

小石头的故事
黄诗涵

一个小石头住在一个石头岛上。他感到寂寞。没人陪他玩，他每天能做的只有静静地看天空。

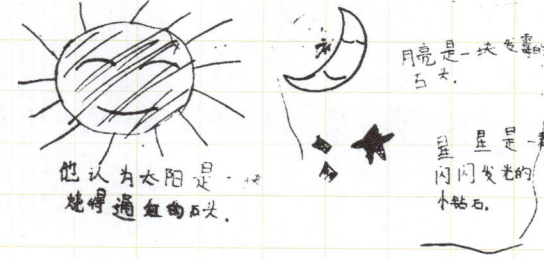

他认为太阳是一块烤得通红的石头。
月亮是一块发霉的石头。
星星是一群闪闪发光的小钻石。

尽管他知道自己可能一辈子都动不了，但每当他听到澎湃的海浪声时，他又充满了希望。

有一天，突然下了一场大雨。小石头感到自己变得越来越滑……

"现在也许就是我改变一生的时候了！"小石头想。
小石头趁着大雨打湿了身体，一用力滚进了海里。

没有小石头陪伴的石头岛，显得十分孤单、荒寞。
石头岛怎么也想不明白："小石头是怎么滑进海里的？"

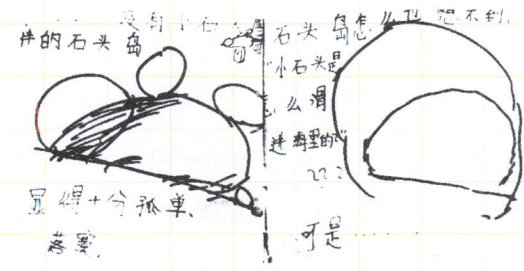

可是……
回答小石头的，却只有风爷爷的话语。风爷爷说："他是靠着坚定的意念和无限的渴望！"

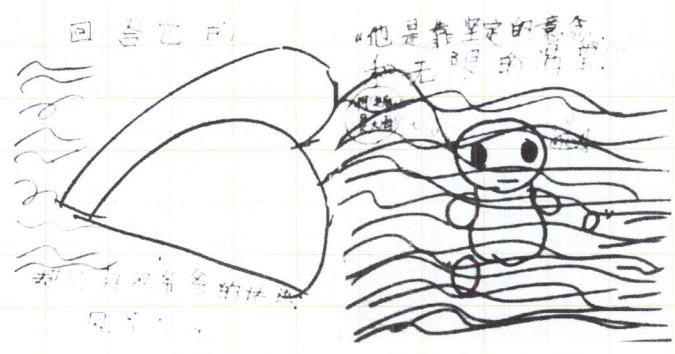

小石头看见有那
么多的小鱼儿能
陪自己——
他露出了前所未
有的笑容!

  从小石头的故事中,我们了解到孩子们的喜爱和感受了吗?那么生动和形象。充实又美好的石头岛,似乎已经给小石头提供了他所需要的一切,但真的是这样吗?小石头想看更广阔的天空,想有更多的伙伴,想经历更多的冒险,而这些都是他在石头岛不能实现的。如果石头岛不能够理解小石头的渴望,可能只会让小石头更加难受和孤寂。石头岛会觉得小石头抛弃了他,小石头不听话,小石头忘恩负义。但石头岛如果真正懂得了小石头,他们会为小石头的顽强和智慧而高兴,会为小石头有着远大的梦想而骄傲,会为小石头努力实践探索而振奋。

  小石头不是不爱家,他是要用更好的状态回报家。在石头岛默默的关注和支持下,经历了磨炼的小石头一定会以更好的状态回到家,这难道不是石头岛所期盼的吗?

给家长的话

- 给予及时鼓励和肯定的家长没有哪个孩子不喜欢。

- 用自主选择作为奖励的家长没有哪个孩子不喜欢。

- 风趣的家长没有哪个孩子不喜欢。

- 给孩子成长准备了时间和空间的家长没有哪个孩子不喜欢。

- 给孩子说自己的成长趣事和感受的家长没有哪个孩子不喜欢。

- 快乐的、漂亮的家长没有哪个孩子不喜欢。

- 做事情时能够放心地让孩子也试一试的家长没有哪个孩子不喜欢。

- 像朋友一样一起快乐玩耍的家长没有哪个孩子不喜欢。

- 有想象力,玩得开的家长没有哪个孩子不喜欢。

- 相亲相爱的家长没有哪个孩子不喜欢。

- 给孩子安全感,理解孩子感受的家长没有哪个孩子不喜欢。

第 12 章
传递与联结

央视新闻台曾经报道过这样的一位70多岁的老爷爷,他是一位专门修补旧玩具的匠人,再旧再破的玩具,一经他修补又能焕发出新的生命力。他的小房子里堆满了从全国各地寄来请他修补的各种玩具,有掉了一只耳朵的毛绒小狗,有手臂脱落的布娃娃,有裂开了嘴的小熊,还有掉了萝卜的小兔子……老爷爷总是寻遍旧货市场和布料店,再用自己精湛的技艺帮人们把这些玩具恢复到原来的模样,别小看了这些修复,有时一个玩具的修复要花上很久的时间。

有人可能要问了,不就是个旧玩具吗?买个新的不就行了吗，需要这么麻烦吗？如果你也有过不愿割舍的心爱的玩具可能就不会有这样的质疑。

有过这样体会的人们深深懂得其中的缘由。这些童年的玩具已经不再简简单单只是个玩具，它其实是给予多少孩子童年安全感的重要载体，在那些没有父母陪伴的日子里，有多少孩子是因为有了这些玩具的陪伴而减少了孤独感，又有多少孩子在不能得到父母理解和支持的日子里，依靠玩具的默默支持而变得坚强。就像这位老爷爷所说："我修补的不仅仅是娃娃，更多的是人们珍贵的记忆和情感。"

安全感对于每个孩子的成长来说至关重要，而它又是极其柔软而动态的，一不小心，可能就会消逝或破碎，所以它的产生更需要传递和联结。就像这位修补旧玩具的老爷爷，他在修补中传递着温暖和爱，让人们建立起更多美好的联结。在我们的家庭中也时刻需要这样的传递和联结！

读与听

阿文奶奶的生日快到了,妈妈问阿文想给奶奶送什么礼物?阿文说要送奶奶一个好大好大的拥抱,这个拥抱怎么送给奶奶呢?妈妈带着阿文来到邮局,阿文把大大的拥抱送给了接受信件的柜台服务人员,柜台服务员把拥抱送给了负责信件分类的波波小姐,波波小姐把拥抱送给了来取信件的司机,司机把拥抱送给了开车送信件去机场的小詹,小詹把拥抱送给了开飞机的机长,蒋森机长把拥抱送给了带着信件去城里的小曼,小曼开车来到了奶奶住的镇上,把拥抱送给了阿德,阿德把拥抱送给了葛琳宝女士,葛琳宝女士把拥抱送给了具体送信的莉莉,最后莉莉把这个大大的拥抱送给了奶奶,奶奶高兴极了,噘起嘴在莉莉的脸上亲了一个又大又香的吻,说:"帮我送一个香吻给我的孙子吧!"

《会飞的抱抱》 [美]珊卓·和宁/文
[俄]法拉力·哥巴契夫/图 黄廼毓/译 明天出版社出版

"拥抱"也能传递?能还是不能?

阿文是个特别用心的孩子,奶奶要过生日,他想送给奶奶最好的礼物,那就是他的好大好大的拥抱啦。拥抱所能带来的能量,相信阿文是深切体会过,所以他深深懂得拥抱的珍贵,但这份珍贵的礼物怎么送去给住在远方的奶奶呢?邮递员可以传送信件,那么拥抱也可以传递吗?

拥抱当然能够传递,阿文送给奶奶的这个大大拥抱,在大家齐心协力下,非常顺利地送给了奶奶。在这个特别的传递中,更多人感受到拥抱的温暖。阿文要好好地感谢这些帮忙传递拥抱的人们,这些人们其实也要好好谢谢阿文,如果没有阿文的这个拥抱快递,他们在传递的过程中也就不会收获那么多的温暖和能量了。

这是个神奇的拥抱，更是一个又一个精彩而温暖的传递！

说与写

画面中你最喜欢的是哪个部分？再多写几段接下来阿文和妈妈的对话片段吧！

从阿文张开的双臂，可以看出他是多么在意和喜欢这个大大的拥抱，让他如此喜欢的东西，他当然要和亲爱的奶奶一起分享。妈妈看着阿文的眼神，有认可、有喜悦，还有暗暗的佩服，佩服阿文想出了这么个伟大的主意。妈妈和阿文之间对视的眼神已经传递了很多的能量，有爱、有支持还有行动力，这时拥抱的传递就已经开始了。传递总是会带来很多流动的能量。不信？请看画面，有没有觉得对身边的亲人你有很多可以说，有很多可以想，还有很多可以做。

联结旋律

阿文其实就是孩子的代表，在他们的心中，最好的礼物当然莫过于亲人们给予的温暖、鼓励和认可，其中温暖的肢体语言是孩子们最喜欢和在意的，就像恒河猴实验中的小猴子，这是本能，也是人们成长过程中的需要。我们有些家长可能会有这样的发现，孩子小时候会特别喜欢抱着一个东西，特别是在晚上睡觉的时候，这个东西或者是一块小枕巾，或者是一条小毯子，或者是一个已经被抱得黑乎乎的布娃娃，如果家长硬要把这些东西从孩子身边拿走，他们一定会号啕大哭。

这些小东西其实就和阿文的拥抱一样，是给予孩子安全感的载体，前面我们说过，"安全"和"探索"是孩子成长过程中行为的基本需求和目标，所以在孩子逐渐长大的过程中是非常需要父母能用肢体语言给予孩子安全感的。其实，不仅是孩子，在成人之间，温暖的肢体语言的传递也是会带来能量和动力的。

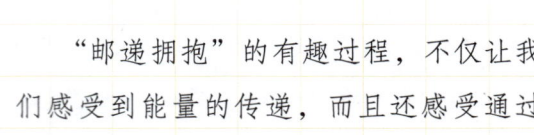

"邮递拥抱"的有趣过程，不仅让我们感受到能量的传递，而且还感受通过

拥抱所带来的安全感的传递，不断地建立起人们相互之间积极的联结。传递流动的能量，流动的能量带来相互的联结。

读与听

趴在船边，探出身子去捞鱼的小男孩谁来保护他的安全呢？妈妈说我来，我会紧紧抱住他，不让他把身子探出去太远；谁来保护他们母子的安全呢？船长说我来，我会好好掌舵，安全行驶；谁来保护船的安全呢？星星说我来，照亮星空，指引方向；谁来保护星星的安全呢？小男孩说我来，如果星星掉下来，我就用网兜接住它。

《没事，你掉下来我会接住你》［英］马克·斯珀林／著 ［英］莱茵·马洛／绘 赵可／译 新星出版社出版

一个有趣的故事，一个充满情感和哲理的循环，传递出两个字，那就是"**联结**"。

世间万物皆有联结，孩子和父母之间更是有着不可替代的联结，受妈妈保护的小男孩，拥有了安全感和正能量。这位妈妈也拥有着充分的安全感，可以把安全感传递给孩子和更多的事物。获得安全感的小男孩也做到了像妈妈那样将能量不断传递。有一句俗语说"因果循环"，乍一听感觉有点玄乎，但其实是真真切切存在的，就像这个故事。

不要忽视了生活中一些微小的传递和联结，一个小小的积极传递可能会带来更多更大的正能量传递，建立更多美妙的联结。当然一个消极的传递也同样会引发更多负能量的传递。就像大家熟知的"踢猫故事"：父亲在公司受到了老板的批评，回到家就把沙发上跳来跳去的孩子臭骂了一顿，孩子心

里窝火，狠狠去踹身边打滚的猫。猫逃到街上，正好一辆卡车开过来，司机赶紧避让，却把路边的孩子撞伤了。

所以，产生"好"连锁效应并不困难，而"坏"连锁效应也易形成，那么就看我们到底要做出怎样的选择！

你觉得此时男孩在想着什么呢？男孩的背后可能又会有着什么呢？

能够保护星星的男孩，你觉得是怎样的男孩，具体描述一下吧！

两幅画面，第一幅男孩在画面的一角，开心地伸出一张网，但总让人隐隐觉得向着另一端延伸的捕捞网，是不是有着把男孩带入海中的风险呢？而第二幅画面中的男孩仍然拿着捕捞网，出现在画面的一角，但此时让人感受

到的是踏实的安全感。为什么会有这样的差异？虽然在不断延伸的联结中，个体可能只是沧海一粟，但对个体而言，获得了家庭所带来的安全感，那就是力量的源泉，巨大到可以保护星星。

联结旋律

究竟怎么样才可保护孩子周全？是最好的物质环境？还是最棒的发展机会？

这些可能对孩子某个阶段有用，但能够一直保护孩子周全的其实只有一个，那就是安全型的依恋关系，因为这给孩子带来的成长和力量是无限的。世间的事瞬息万变，再有预见能力的人也不可能预测到所有，所以拥有良好的适应能力，在任何环境中总能汲取养分，遇到困难和挫折能迅速调整是保证周全的关键。从哪儿获得？就从我们的亲子关系之中。

我们要相信亲子之间积极联结所带来的能量，用夸张一点来表述就是可以呼风唤雨，挽救星河日月；用平常的话来表述，就像发电机，会不断地给生活传送电力和光明。

联结如何寻找？如何维系？如何巩固？相信看了以上内容的家长和孩子一定有不少的感触。那么就行动起来吧！

画语心声

我是谁?
徐闽峥

我的家人

我的妈妈总是要我学习许多东西，我讨厌那些东西。
我的爸爸只要我成绩好就行，不会让我去学我不喜欢的东西。
妈妈总是说，学了这些东西，你以后就是个有学问、懂艺术、成功的人了。
爸爸总是说，做自己想做的事情就行了，但千万别放弃，那样你就是成功的。

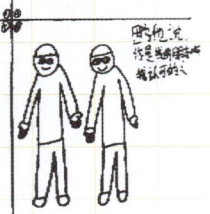

我的朋友

我有很多朋友，然而又没有几个朋友。
我有些时候会对朋友生气，因为我实在高兴不起来。
但是他们总会原谅我，就算吵架了，也还能和好。
因为他们说，你是我的朋友，是我们认可的人啊！

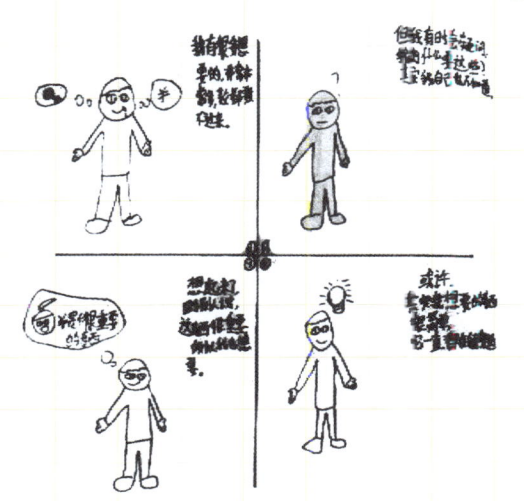
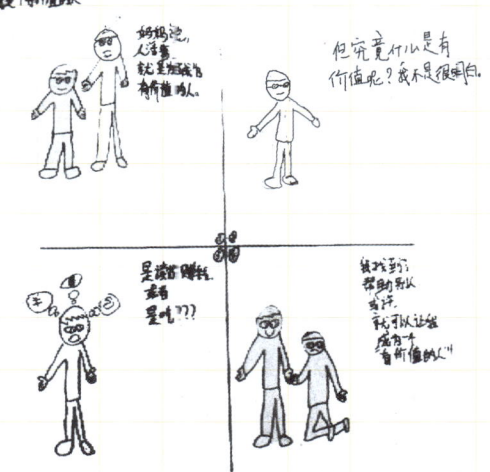

我想要的

我有很多想要的，非常非常多，数都数不过来。
但我有时会疑问，为什么想要这些？其实我自己也不知道。
哦，想起来了，因为别人说，这东西很重要，所以我也想要。
或许，我想要的东西很简单，它一直都在我身边。

我是个有价值的人

妈妈说，人活着就为了成为有价值的人。
但究竟什么是有价值呢？我不是很明白。
是读书？赚钱？活着？
我找到了，帮助别人，就可以让我成为一个有价值的人！

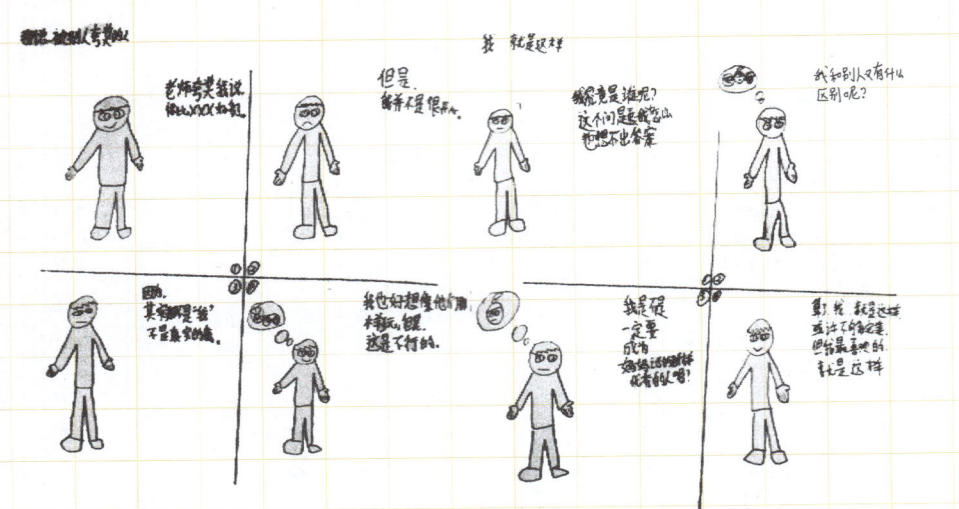

那个总被别人夸奖的人

老师夸奖我说，你比某某好多了。
但是，我并不是很开心。
因为，其实那不是我，不是真实的我。
我也好想，像他们那样玩，但是这是不行的。

我……就是这样

我究竟是谁呢？这个问题我怎么也想不出答案。
我和别人又有什么区别呢？
我是不是一定要成为妈妈说的那样优秀的人呢？
算了，我就是这样，或许不够完美，但我最喜欢的就是这样。

　　这是个睿智的孩子，还好他自己不断地思考，还好他有位能给他支持的爸爸。妈妈也一定是爱他的妈妈，但是妈妈传递过来的爱，可能并没有给孩子带来更多的联结，反而是焦虑和困惑。看看孩子的这些心声吧。我想看完以后，这位妈妈会不会有了不同的想法和行动呢？

给家长的话

什么是超级无敌的家庭？现实中超级无敌的家庭又是怎样的呢？这可能是很多人都想知道的内容，下面我们就先来看一个可爱的绘本故事。在这个故事中，你可能会找到你想要的答案。

公鸡咕咕、小老鼠强强、小猪波波是好朋友，他们总是互相帮忙，他们会一起骑上脚踏车，在晨光里兜风，无论道路多么曲折和颠簸，也阻挡不了他们。有一天，他们在池塘里捉迷藏的时候，发现了一艘旧船，于是他们便立下了共同志愿——成为海盗。强强掌舵，咕咕张开翅膀当帆，波波用身体挡住了船底的破洞，他们在宽阔的水面上航行，一天下来，他们觉得征服了整个池塘。上岸后，他们又去采摘樱桃，一粒分给强强，一粒分给咕咕，两粒分给波波，强强没有意见，咕咕觉得不公平，于是咕咕又得到了所有的樱桃核。夕阳西下，他们骑上脚踏车回家了。他们打算到强强家睡觉，但咕咕被卡在洞口；他们到了波波家，强强鼻子又太敏感；他们又到了鸡舍的木杆上，结果木杆被压断了。于是他们互道晚安，各自回到家中。梦中，他们又见面啦！

《好朋友》［德］赫姆·海恩 文／图
王真心／译 明天出版社出版

多么可爱的故事啊！虽然说的是友谊，但其实也是家庭成员之间的生动写照。如果咕咕、强强和波波分别象征着家庭中的爸爸、妈妈和孩子，那么这一定是一个超级无敌的家庭，为什么呢？

因为他们能够快乐地一起玩耍。这可不是简单的一起玩哟，在玩耍中大家都是平等的个体，有着共同的目标。于是他们一起想办法，你帮我助，发挥着力量，实现更有趣玩耍的同时更加坚固了亲子间的密切关系。

因为父母和孩子能够一起分享。在平等宽松的环境中，大家真诚地表达自己的感受和想法，最终取得皆大欢喜的平衡。

因为父母和孩子能够一起有福同享、有难同当，不是有福让孩子享，有难不要让他们担，而是共同进退，最终实现"祸兮福之所倚"。

因为父母和孩子相互关爱，但彼此从不强求，也不会用自己的标准进行要求，给足大家充分的空间。

这不是一个超级无敌的家庭又是什么呢！

第四部分

爱是对他人生命持久的关注。

——"Love"一词的拉丁语含义

没有爱的家庭不能称之为真正的家庭,那么家庭中的爱又是什么呢?上面这个注释完美地回答了这个问题。爱的核心要点在于对他人生命持久的关注。那么"生命"又是什么呢?听到这个问题,孩子可能会哈哈大笑,"谁不知道什么是生命呀?"家长可能会说:"生命不就是活着吗?"是的,如果从生物学的角度来说,生命的定义很简单,就是活着,就是生存。但如果从生活的方向,对人类发展影响的角度来说,生命的含义将丰富很多,特别是在我们的家庭教育中,不仅丰富,而且重之又重。好像听起来还是有些抽象,那让我们从具体情境中来说说吧!

令人羡慕的"小大人",常常是人们口中别人家的孩子,乖巧、懂事,还常常成绩超群,但走近这些孩子时,往往会感觉到这些孩子像是披着沉重的铁皮衣,连情感表达的幅度都不能太大。他们是天生如此吗?也许他们都有着"想要生命能量的自发伸展,却被父母活生生掐断了"的经历。

人的一生可以说是"生本能"与"死本能"的较量制衡的过程,那些对生活充满热情,喜欢体验新鲜事物,容易被感动、容易感受到快乐满足的人,就是"生本能"大于"死本能"的人。"生本能"体现在对原始渴望的伸展、对物质的渴望、对关系的渴望、对美的渴望，以及对自由的渴望。而"死本能"则体现在头脑的剧情。头脑认为的应该不应该或可不可以。

看到"应不应该""可不可以"，是不是有种挺熟悉的感觉呢？孩子在生活中可能会经常听到大人们"不经意"间这样的表达，有时看似脱口而出的话语背后其实已经深深印刻了我们思想和行为的模式。

心理学家说："生本能最初来自父母对孩子的看见"。所以"对他人生命的持久关注"其实就是父母看见孩子，赋予孩子更多生本能。生本能的核心在于生命的意义感，而生命的意义感又可以分为四个维度：生活态度、生活目标、生命价值、生活自主。

孩子和家长们，就让我们通过下面的四个章节，一起感受一下，获得生本能，让家里充满爱，是多么令人心动的事呀！

第13章
重大"小"问题

 "爸妈为什么不懂我？"

 "这个孩子到底想要什么？"

以上的两个问题可以说是我们家庭亲子关系中，最难解的两大难题，为了这两个问题，大家反反复复、争争吵吵、无休无止，但往往还是迷失在找寻答案的过程中。孩子因此消极郁闷，家长因此焦头烂额。看似无解的难题，其实答案并不难寻找，它们都有一个核心点，如果我们理解了、把握了，那么之前的问题就自然变成了不是问题。这是一个什么核心点呢？这就是我们亲子关系中的"重大'小'问题"，弄明白了这个"大"与"小"，不仅是上述的两个问题，还有其他很多难解的亲子问题自然也都会迎刃而解。

我们的家庭生活中总会出现这样的状况：一些家长觉得是不可忽视的问题，但孩子并不觉得有什么；而孩子觉得是重大的问题，家长又往往不能察觉。这些"重大'小'问题"常常干扰着家庭生活的环境，让亲子关系变得敏感而对立。

"和你说了多少遍了,进门鞋子不要一个天上一个地下,要放好。这是多么重要的习惯问题呀!"

——我就想这样,鞋子怎么摆放有那么重要吗!
——一进门哪里能想到这么多!
——我背着书包还要弯腰摆放鞋子多不方便呀!

"和伙伴们说好今天中午一起踢球,结果下雨,太让人郁闷了!呜呜……"

——这次踢不了,下次再踢吧!
——又不是我们让天下雨的,从回来的路上你就左不是右不是,到底想干吗!
——心思怎么总是在玩耍上,上次没考好也没见你这么在意!

"大"与"小"是相对概念,标准却是千差万别,在家庭生活中,并没有理所当然的标准,往往需要从个体不同的角色、特点和需求出发,标准的背后其实就是态度,而这里"理解"与"陪伴"是最为重要的准则,孩子需要父母的理解与陪伴,同样父母也需要孩子的理解与陪伴。

读与听

小女孩一觉醒来，大喊大叫的一天开始了，发现弟弟在她的房间乱爬，她大喊；她吃早饭时得吃自己不喜欢的鸡蛋，大喊；她吃完可怕的鸡蛋，突然讨厌起自己的鞋子来，把它们都脱下后大喊；小女孩和家人去超市买东西，妈妈让她不要在购物车里扭来扭去，她大喊；午饭，好朋友和她的妈妈过来玩，小女孩发现自己的饼干碎了，她大喊；好朋友在玩耍时也一直冲着她大喊；下午芭蕾课，她觉得身上很痒，大喊了起来；回家的路上，她遇到表扬弟弟又询问自己的邻居，她又大喊了起来；到了吃下午茶的时间，豌豆太烫了，她大喊，到了洗澡时，洗澡水太凉了，她大喊；身上太湿了，牙膏薄荷味太浓了，她不停大喊；要睡觉了，她滚来滚去，大喊不睡觉。

《我的大喊大叫的一天》［美］瑞贝卡·帕特森 文／图 孙昱／译 新世纪出版社出版

小女孩的这一天一直是在大喊大叫中度过的，你会觉得她大惊小怪，还是情有可原呢？她为什么会一直大喊大叫呢？这又是一种什么样的体验呢？

如果你觉得很有趣，你可能会这么想：多么直率的小姑娘啊！能真实表达自己的感受。因为她还小，当然只能用这种大喊大叫的方式咯！

如果你觉得很讨厌，你可能会这么想：多么幼稚的小姑娘呀！一遇到问题就大喊大叫，什么问题也不能解决，还让身边的人觉得烦躁。

如果你觉得很疑惑，你可能会这么想：她想表达的是什么呢？这么多不同的事情，她都用大喊大叫的方式，到底是为什么呢？

大喊大叫好像很痛快，又好像很累人，像是无理取闹，又像是千言万语。

为什么要有这样的一个故事呢?《我的大喊大叫的一天》想告诉大家的又是什么呢?

说与写

这两幅画面中你看到了什么?看到这些画面你有什么样的感受呢?你想说点或写点什么吗?

这是画面内容很丰富的两幅画,动态感十足。乍一看,每幅图中最先进入视线焦点的可能就是小女孩张得大大的嘴了。第一幅画中有小女孩、妈妈、弟弟,有散落的食物餐盘,也有被踢飞的鞋子,最引人注目的就是那两句黑黑、大大的话,让人不由得从画面中也好似听到当时令人震撼的音调。和小女孩张得大大的嘴，形成鲜明对比的是妈妈镇定的表情，以及弟弟呆萌神情，让整个画面有了两种不一样的感受。你如果聚焦在小女孩哭闹的神情中，她那张开的大嘴巴，会让你觉得像个无底洞穴，没完没了。但是你如果聚焦在小女孩、妈妈以及弟弟的对比中，你突然又会觉得整个画面有了一定的和谐度，甚至还会觉得挺有意思。延展构图的方式，呈现了不同情境，让人在情境中能够快速而深刻地感受到相同和不同。

　　第二幅画同样运用延展的构图去展现一个发展的过程，微笑着悄悄探出头看着孩子的妈妈，抱着小女孩轻轻说故事的妈妈，坐在地上大叫的小女孩，在床上打着哈欠的小女孩，还有漂亮的床单和三个不同种类的小玩偶。左边躺在地上的小玩偶可能也象征着小女孩那一刻的心情，大喊大叫的情绪已经开始渐渐减弱，嘴上说着"没人想听"，其实内心已经开始慢慢转变。布满蓝色花朵和三个不同种类的玩偶的床铺，象征着孩子内心纯净而丰富的世界。在妈妈的静心陪伴下，它们又恢复本来的模样，而这时的小女孩想要好好睡一觉啦！

联结旋律

　　家中的小宝贝们，你们还记得自己有过类似的表现吗？还记得当时自己的感受吗？你可能会摇摇头，早就忘了；你也可能会对小女孩的行为表示认同：觉得难受时，就是要大喊大叫。是啊，这有什么大不了的呢！

　　而我们的家长们，在孩子有这样表现的时候，又是怎样的感受呢？可能会觉得如临大敌，这个孩子怎么能这样呢？孩子性格有问题？孩子情商有问题？……必须赶紧纠正，必须赶紧改变。于是在孩子大喊时，捂住孩子的嘴？用更大的声音呵斥？给孩子讲道理，让他/她认识到错误？这些方法有用吗？一声长叹可能代表了我们绝大多数家长的答案和心情。

那怎么办呢？如果此时的家长问孩子，你到底想怎样？可能孩子也无法回答，最终可能又是一阵大喊或大哭。问题在哪儿呢？

我们先来看看小女孩的妈妈是怎么解决这个问题的？当小女孩大喊大叫时，妈妈没有呵斥、说教与厌恶，也没有一味地迎合、简单的安慰、单调的劝说，更多的时候是默默的陪伴，让孩子释放出自己的情绪，静静地接纳和尊重，最后依偎在不要睡觉的女儿身旁，讲小女孩最喜欢的仙女和蛋糕的故事，于是女孩在睡着前竟轻声对妈妈说："今天是大喊大叫的一天，对不起，妈妈。"

这就像孩子在犯了错误之后，大人们首先想到的是指出孩子的问题，教育孩子今后不能这样，其实这样做是基于"孩子没有认识到自己错误"的假设。殊不知，很多时候，孩子犯了错误后，最难过的莫过于自己，强装倔强和不自知，这些其实都是孩子保护自己的一种潜意识反应。这个时候如果孩子能够获得他们所需要的支持，他们就能更客观深入地感受和认识到自己的所作所为，就像这个小女孩一样，这可能比说教更有用。

妈妈给了她一个晚安吻，告诉小女孩，谁都会碰到这样的日子，说不定明天就会快乐起来了。结果第二天，小女孩果真有了一整天的快乐，之前让她看不顺眼的事情全都不见了。是事情不见了，还是女孩改变了？毋庸置疑，肯定是后者，让女孩改变的当然就是妈妈的理解和陪伴！

每日的生活会让我们遇到很多事情，有平淡的，也有波折的，令人惊喜的、令人愤怒的、令人害怕的、令人忧伤的、令人不知所措的……

绝大多数的大人会选择比较恰当的环境、场合，恰当地表达情绪，而孩子们可能会更加直率，直接表达，也就是我们常说的"喜形于色"。大人们有时会被孩子这种喜形于色逗乐，但更多的时候可能会觉得不耐烦或担心，想让孩子的情绪波动快点儿结束，于是尝试劝说，但并没有用。再来就是采用一些用权威压制的方式，但结果可能会更加糟糕。这就形成了我们最常见的"大人吼，孩子闹"一片混乱的局面。

有一句俗语叫"孩子脸，六月天"，就是说孩子经常是说哭就哭，说笑就笑，心情的变化就像六月的天气，十分迅速。为什么会这样呢？

我们先来说一下人类的大脑，形象地来说，人的大脑从内而外可以分为三层：

第一层脑名字叫"脑干"，又称为"本能脑"，它很单纯，主要就是关心与人基本生存相关的事，如呼吸、心跳、睡眠等。

第二层脑名字叫"边缘系统"，又称为"情感脑"，其中有一个很重要的结构叫杏仁核，这是产生情绪的根源，而他就像一个孩子，很容易活跃又很难控制。

第三层脑名字叫"大脑皮层"，又称为"理智脑"，有了它，人类开始有了计划、创造、理性思考等能力。

这三层脑是随着年龄的增长逐层完善的，所以说年龄越小，前一层脑的活跃度就要越高于后一层脑。所以孩子的情绪是原生的，不会减弱，而且程度上是无限的，只有随着年龄的增长，他们认知能力开始发展，也就是第三层脑发展得更好时，他们自然就能逐步控制好自己的情绪了。

所以，孩子经常有些情绪，就是他们这个年龄的身心特点，是再正常不过的事了，试图让孩子的情绪消失那才是不正常的事情。这个时候如果能够给予孩子接纳和等待，那才是最为正确的事情。就像上面的两幅图，当接纳了孩子的情绪，更换聚焦点后，我们感受到的又是另一番不同的情景。

画语心声
我的情绪小怪兽
孩子篇

《我的情绪小怪兽》［西班牙］安娜·耶纳斯 文/图
叶淑吟/译 明天出版社出版

情绪小怪兽今天起床后就觉得心情怪怪的、乱乱的，原来是所有的情绪都混在一起了，那么当然要好好整理一下才行。要学会把不同的情绪分好，装在不同的瓶子里。快乐，像太阳一样明亮、像星星一样闪耀，很容易感染身边的人；伤心，像湿嗒嗒的下雨天，让人无精打采；生气，像一把熊熊的火焰，烧起来后就很难扑灭；害怕，像个胆小鬼，总躲在暗处；平静，像植物一样安安静静。这些不同的情绪都有着不同的颜色，黄色、蓝色、红色、黑色、绿色……把它们都整理好后，瞧，小怪兽怎么变得不一样了？变成一只美丽的小怪兽。

每个人天生就拥有情绪，随着环境的不断变化，情绪也不断地丰富深刻起来，情绪没有好坏之分，只有特色不同，它让我们的生活变得更加多姿多彩，每一种情绪带给我们的影响也是不尽相同的。小怪兽一直希望自己能是快乐的金黄色，而你也希望拥有更多平静的绿色。看起来像是外部事件影响我们的情绪，其实情绪是我们自己给自己的，它产生的最重要的根源是我们的想法。所以想要拥有更多自己想要的情绪，首先我们要了解情绪，就像小怪兽一样，要时不时地给自己的情绪分类分类、梳理梳理。接着就是学会接受情绪，无论怎样的情绪，先去接受它。在接受的同时，你已经在慢慢地获得改变。有位心理学者说过这样一句特别棒的话："任何真切而纯粹的情绪、感受和体验都是大自然的馈赠。假若你学会敏锐捕捉并坦然接受它们，那么你就会发生不可思议的成长。所以说，真切而纯粹的情绪、感受和体验都是'心灵的兵器'。"当出现我们不想要的情绪时，先别急着对抗，可以先去感受它、接受它或是允许它，这时你已经在消融冰山的那一角，慢慢地冰山就会被逐渐融化。

画语心声

生气汤

父母篇

《生气汤》[美]贝西·艾芙瑞 / 著
柯倩华 / 译 明天出版社出版

霍斯今天有一箩筐不如意的事情,想不出题目的答案,表演时被人踩了一脚,结果放学时妈妈竟然还找了珍珠阿姨来接他,珍珠阿姨的车技实在太糟糕,霍斯气得想打人。回到家,妈妈问他今天过得好不好?他也不回答,而是"咚"的一声趴在地上。于是,妈妈提议:"我们来煮汤吧!"妈妈把锅子装满了水,放到炉子上,水热了,撒进一些盐,然后深深吸一口气,对着锅子尖叫。于是霍斯也爬上凳子,也对着锅子尖叫。妈妈叫得更大声,霍斯又叫了好几声,还对着锅子龇牙咧嘴。妈妈对着锅子吐舌头,霍斯也吐舌头,他还拿起汤勺"乒乒乓乓"敲锅子,喷出一口火龙气。然后霍斯笑了,妈妈也笑了。霍斯问:"这是煮什么汤?"妈妈说:"这是生气汤"。于是,霍斯和妈妈肩并肩搅散了一天的不如意。

这一锅生气汤，让所有的问题一下子烟消云散。霍斯妈妈的做法看似简单，其实背后的深意并不简单。这一锅汤里有妈妈对于孩子情绪的接纳和理解，还有化解消极情绪的智慧。很多家长会在孩子有情绪时束手无策，希望有什么秘诀能让孩子情绪迅速调整过来。其实，秘诀很简单，那就是想一想这个《生气汤》的故事，先别急着评价、批评、指责或追问，先接纳，在充分理解的基础上从而进一步引导孩子自我疏导。情绪中的孩子更加需要的是家长的理解和抱持，而不是看似非常有智慧的"大道理"。如果家长们还能根据孩子的年龄特点想出一些有趣的"妙招"，就像这位妈妈一样，那么孩子就能释放不好的情绪，微笑生活！

读与听

> 莫伊拉觉得自己很幸福，有一对好爸妈，还有两只可爱的小狗。一天，莫伊拉发现裤袜上有一个线头，她轻轻一扯，结果扯出了一个小洞，越扯洞越大。莫伊拉赶紧换上另一条裤袜，把破的那条藏起来，没有告诉妈妈。到了学校吃水果的时间，莫伊拉发现是自己不喜欢吃的梨，于是她把梨放进包里，回头扔进了垃圾桶，没有告诉爸爸。她和好朋友在家玩游戏时，把妈妈的婚纱弄脏了，于是她赶紧把婚纱藏起来，没有告诉爸爸妈妈。莫伊拉感觉这些秘密快要把她的肚子撑破了，好几次她都想脱口而出，但又都没有说出来。晚餐时她什么也吃不下，于是悄悄地把肉塞给家中的小狗。回到房中的莫伊拉觉得好难受，肚子好痛，不知道该怎么办……
>
> 《我不敢说，我怕被骂》［荷兰］皮姆·范·赫斯特/文 ［荷兰］妮可·塔斯马/图 ［比利时］鲁奔/译 北京联合出版公司出版

有意思的莫伊拉，有意思的故事。事情的发展有点像蝴蝶效应，蝴蝶轻轻扇动了一下翅膀，可能就带来了远处的一场风暴。从一个小小的线头开始，莫伊拉接下来就经历一系列的事情，从一个不敢说逐渐变成了好几个不敢说。一个不敢说还可以承受，两个不敢说有点纠结，三个不敢说有点难过，好几个不敢说就实在无法承受了。真是很奇怪，为什么从一个不敢说以后，就不断地有不敢说的现象，好像中了魔法一样。源头到底在哪呢？

为什么莫伊拉不敢说？都是小小的事情，有什么不敢说的呢？

这个背后定有蹊跷原来是：裤袜被扯出洞，不敢说，因为妈妈以前总说："不要拉线头，要爱惜自己的衣服。"不吃水果，不敢说，因为爸爸会说："一

定要把水果吃掉，维生素是我们的好朋友！"弄脏妈妈的婚纱不敢说，因为害怕妈妈会伤心。

这些对于大人们来说，可能都是非常琐碎的小事，甚至都没有察觉，但是对于孩子来说是非常重要的事，因为那些看似"没听"父母话的孩子其实内心是非常在意父母的态度、评价和感受的，所以这些有关父母态度和感受的事情对于孩子来说当然就是大事。

说与写

这幅图中画了什么？你又感受到了什么？最让你印象深刻的是什么？

两只迈着轻盈步伐的小狗紧随着莫伊拉。莫伊拉虽然也在迈开步伐，她的表情却不那么轻松，捂着肚子的小手在传达着她内心的纠结。小狗身上的红线头和左上角的梨不时地在拉紧她的神经。淡绿色的背景和莫伊拉红色的袜子、绯红的小脸形成鲜明的对比，也在表达着人物内心的矛盾。巧妙的构图，反差的对比让人悄悄地体会到莫伊拉的心情。左边的草坪绿地、欢快的小狗是轻松和谐的化身，但小狗身上的红线和左上角的梨又在提醒着这些并不轻松的事情；右图中捂着肚子的莫伊拉想逃离却不知能去何处，想说话却不知如何开口，但背景中的绿色和淡雅的花朵好像又在提示着事情可能还有所转机。轻松的画面中有着隐喻，隐喻中又有着契机。这是一幅包含着千言万语又暗含玄机的画面。

联结旋律

故事中的莫伊拉经历了一系列让自己"记忆犹新"的事。在我们大人看来，可能都是一些微不足道的小事，可是为什么对孩子能产生如此大的影响呢？如果没能好好解决，孩子可能就会像莫伊拉一样，吃不好、睡不好、玩不好。莫伊拉在这个过程中经历的是怎样的心情状态呢？这种情绪状态其实对我们每个人来说都有巨大的"杀伤力"，那就是"羞愧"。右边这幅图显示的是在与情绪相关的实验研究中，各种情绪带给人的身体温度的变化，我们清晰地看到羞愧所带来是从脚而上的刺骨寒冷和从头而下的火辣炽热，这种冷热相交的感觉是非常不好受的。

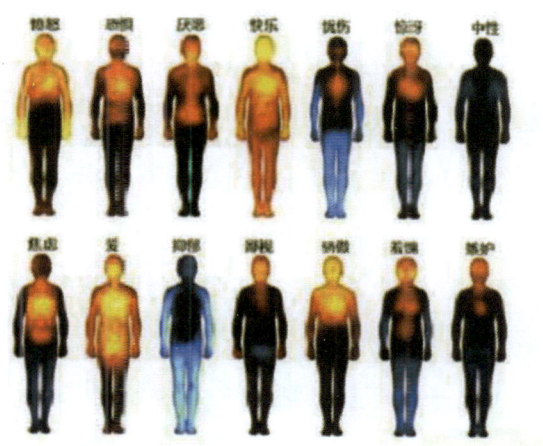

莫伊拉的这种羞愧是从何而来呢？根源并不是这些事情的发生，而是莫伊拉在意父母的态度和感受。因为妈妈说过要爱惜衣服，不要拉线头，虽然莫伊拉不是故意拉线头，但是她不希望妈妈为此感到不开心，所以她不想告诉妈妈。把梨扔进垃圾桶，因为爸爸说过一定要把水果吃掉，莫伊拉不想让爸爸不开心，虽然她并不是故意扔掉梨，但是自己实在不想吃。于是莫伊拉把一个又一个的事情都隐藏起来，就是希望爸爸妈妈可以开心。但是她内心又因为没有将事情及时告诉他们，而感到很内疚，羞愧之感油然而生，怎么办？到底应该怎么办？这个疑问在莫伊拉的肚子里不停游荡和放大，于是莫伊拉做什么也提不起劲儿来。

如果我们的家长没有看到孩子因为在意父母的态度而产生的这份羞愧，仅仅聚焦在这些事情的表象上，那么可能就会觉得这个孩子怎么这样,发生了那么多事,他/她早就该告诉我了,结果什么都不说,弄到后来完全不可收拾。而我们的孩子如果得到家长这样回应的话,那么可能会更加羞愧和难过,或者愤怒和委屈,那么亲子关系自然容易变得不和睦。

以下可能是我们大多数孩子和家长经历类似事情的心路历程:

孩子:不小心将线头越拉越长,妈妈说过不要拉线头,要爱惜自己的衣服。我却没有做到,妈妈会生气,我可能也成为不了妈妈心中的好孩子,这是多可怕的事情呀!

家长:不小心把袜子拉了一个洞,这么小的事情,有什么不敢说的,这下好了,一个事不说,两个事还不说,越来越多的事不说,这个孩子怎么可以这样的,什么事都瞒着我们!

表面上看,是家长和孩子对待"大问题"和"小问题"的看法上有差异,其实背后的重要根源在于:对于"大"和"小"的感觉其实是我们每个人的生活态度,态度并不是一个简单举动或者用权威压制的方式就能够快速调整的,只有从心里发出的认可,才能真正改变。而现实中我们往往看到的并不是态度,而是在态度下所作出的行为。这也就是,我们孩子和大人会在亲子关系中的"重大'小'问题"纠缠不清,迟迟没有本质的改变。

无论是孩子还是大人，当我们真正感受到这是对方的生活态度时，才能解答出我们往往觉得无法解决的难题。那位大喊大叫的小女孩，她的生活态度是，早餐能吃自己喜欢的

东西，出门能穿自己喜欢的衣服，在超市里能够快乐地奔跑，能够受到别人的关注，妈妈能一直爱着自己。如果我们读出了这些，还会觉得小女孩的大喊大叫讨厌和烦人吗？还会直接用呵斥的态度应对吗？莫伊拉想做爸爸妈妈心中的好孩子，她不希望爸爸妈妈因为她而不开心，所以当可能会引起爸爸妈妈不高兴的事情发生时，她第一选择的是隐藏。如果爸爸妈妈知晓并理解了莫伊拉这样的想法，还会质问她为何什么都不说吗？

A家长："孩子，我知道你想吃自己喜欢的东西，明天的早餐吃什么由你来决定好不好？我希望你吃得开心又有营养。"

B家长："吃个鸡蛋为什么要大喊大叫的，不吃鸡蛋怎么行？你在长身体，鸡蛋提供的营养必不可少，别的孩子早上都吃鸡蛋的！"

孩子可能会更接受哪个家长呢？A家长让孩子感受到自己被尊重、被理解，又有了期待，同时还知道父母对自己的关爱。B

家长其实和A家长一样是对孩子关爱的，但是这样的表达可能引发的结果是孩子继续大喊大叫，家长也会被孩子的"不懂事"气得不想说话。

其实解决的办法很简单，那就是我们先感受到孩子的生活态度，在这种感受和理解下，聪明的家长们自然会做出与孩子心意相通的行为。这时可能有的家长要说了，如果这样是不是没法给孩子提要求了，否则孩子对我们的要求不认可，又要影响他们的行为了。其实大可不必这么紧张，父母当然可以对孩子有所期待，在孩子成长的过程中当然可以有我们恰当的要求，只不过在传达的过程中我们要遵守一个重要的原则，那就是变"要求"为"提醒"，提醒的出发点是双方平等，是表达出期望，不是控制，不是命令。提醒会让人更多地感受到这份关爱的诚意和温暖，同时还有理解。当我们的家长可以做到这样的尊重时，会有一个附加效果，那就是我们的孩子会渐渐变得能够更加清晰地表达自己的感受，能够更加理解父母的用心。家长们还等什么，行动起来吧！

画语心声

我不想生气

小橘子

当我生气的时候，
我的肚子里装着一个大火球，
马！上！就！要！爆！炸！啦！

当我生气时，我想使劲叫，
使劲踢，使劲踩……

踩得脚都发麻了，
我踩得地球都发抖了。

妈妈问我，为什么生气？

他们嘲笑我，破坏了我
的城堡……

妈妈给小兔讲了一个
小故事……
小兔开心极了……
哈哈哈地笑，
小兔最爱听故事了。

看完这本作者原创绘本，你是不是觉得这个可爱的作者小橘子和那个《我的大喊大叫的一天》中的小姑娘如出一辙呀！小橘子把自己比喻成了小兔子，生动地描述自己曾经生气的感受。这个踩得地球都要发抖的怒火，被妈妈的一个小故事轻而易举地熄灭了。因为小兔子最喜欢听故事呀，所以就像之前所说：孩子脸，六月天，说变就变，来得快也走得快，没必要为此纠缠不清。就像绘本的题目，也透露了作者的心声"我不想生气"，但是孩子有时就会莫名地生气，这个时候如果能够得到我们家长的理解就会变得不同。看，又是一只快乐的小兔子呀！而且相信还会是一只越来越会调控情绪、乐观向上的小兔子！

给家长的话

面对亲子的"重大'小'问题"时，还有个魔法秘诀，是什么呢？先从下面的这个温情又治愈的绘本开始吧！

很小的时候，我就天天和爷爷一起出去散步。

周围的空间越来越大，碰到和发现的新事物越来越多……

无缘无故打我的阿健，一看到我就做鬼脸的久美，冲着我大叫的狗……

飞机也会从天上掉下来，可怕的细菌到处都是，无论多努力也不会读的字……

有时，我觉得自己没法长大。

这时爷爷会紧握我的双手，像念咒语似的："没关系、没关系。"

"没关系、没关系"那就意味着，我没必要勉强自己跟别人一起玩。

"没关系、没关系"那就意味着，会撞到你的汽车和飞机并不多。

…………

"没关系、没关系"那就意味着，这个世界没有那么坏。

我和阿健、久美成了好朋友。我受的伤和生的病都治好了。从来也没有飞机掉到我的头上，我相信总有一天我会读懂哪些很难的书……

《没关系 没关系》[日]伊东宽／文·图
蒲蒲兰／译 二十一世纪出版社出版

读完了这本绘本，我想您也找到这个魔法秘诀了。是的，它就是——看起来简简单单的"没关系、没关系"。

不要小看了这个"没关系",其实背后蕴含着亲子间浓浓的情感,有理解,有支持,有鼓励,这是多么厚实而温暖的抱持。

每个孩子都是最聪明、最幸运的天使,不需要为他们特意做什么,充满温情的"没关系、没关系"已经足以让他们能够面对未来生活的种种:现在学不会的字总有一天可以学会,病痛总会治愈,心意总能相通,世界总是美好。"没关系"能够化解很多难解的大小问题,让孩子能够更好地理解生活,对生活抱有更多积极的期待!

别人是否和自己玩,是他们的决定,不去强求则是我的选择!
会撞到人的汽车和飞机微乎其微,世间幸运还是居多!

跌倒并不可怕,因为伤口终会愈合。
心意相通并没有那么多外在的限制,用心感受,总有心意相通的人和事。

没有攻克不了的难题,
更多美好的事物正在等待着我们。

第四章
自己还是他人

如果有人对你说，"你一点儿也不像你自己，你就像别人"，你是开心还是难过呢？我想无论是孩子还是家长，可能你首先会感觉怪怪的，不像自己像别人？那我还是我吗？谁不想做个独一无二的自己呢！

"你看看，别人家的孩子怎么成绩又好，性格又好，特长还那么多。"

 "你看看，别人家的孩子怎么就知道这样做呢，你怎么不会呢？"

"你看看，别人家的孩子……"

在对孩子的问卷调查中,"别人家的孩子"曾是孩子们最讨厌的父母口中常用词的榜首。是啊,这个阻碍自己成为自己的人物,怎能不让人心生厌恶呢!

曾经某软件上有个很火的视频,就是一个小女孩不乖,她爸爸对她说:"我要把你换掉,换成别人家的孩子。"结果那个小女孩轻蔑地说道:"哼,你换回来的孩子也不会乖的,因为那也是别人家爸爸换掉的。"所有人都被小女孩的言语所折服,别小看了这句话,其实说出了一个深刻的道理,没有最好的别人家的孩子,只有最好的自己。

人本主义心理学的代言人卡尔·罗杰斯在他的代表作《论人的成长》中特别引用了这两段话来论述成长的哲学:

> 对生命中的事物加以干预,意味着同时伤害他们和自己……
> 突出自己的人拥有微小且显著的力量,不突出自己的人拥有强大且神秘的力量。
>
> 著名思想家马丁·布伯对
道家"无为"思想的理解和解释

> 如果我不干预他人，他们会关心自己；
> 如果我不指挥他人，他们会自己行动；
> 如果我不教育他人，他们会自己进步；
> 如果我不强求他人，他们会成为自己。
>
> —— 老子

这是多么精彩的论述呀，当一个人成为了自己，这是多么伟大的一件事，而在这个过程中，他要坚持自己，当然也需要有这样支持他成为自己的环境。

在我们中华博大精深的文化中，很久之前就有了这么精彩的论述，并且被国外著名的学者学习和引用。但让人遗憾的是，现今我们很多的家庭忘了这个本源。

作为自己，我们要常常想着成为自己之后，拥有那个强大且神秘的力量。

作为他人，我们要常常想着让别人成为更好的自己，而不是更好的别人，相信他成为自己后所拥有的巨大能量！

读与听

莫卡是只很好的狗，一天他的主人正在读一本关于狼的书。莫卡想，自己要是狼该有多好呀，可以捉野兽，可以对着月亮号叫。莫卡偷偷溜出来，跑到山顶，大声呼喊自己终于可以和狼一样自由自在了。莫卡蹦呀，跳呀……很快他就饿了，于是他决定像狼一样捕捉猎物，可是他追不上兔子，臭鼬用臭气喷他，甲虫咬他，连田鼠也拿他开玩笑。到了晚上，莫卡看着金色的月亮，使出浑身的力气，放声号叫，突然远方也传来了号叫的声音，真的狼来了。莫卡吓得转身就跑，边跑边说："我要回家，我再也不要做狼了。"回到家里，主人狂奔着出来欢迎他，他和主人又回到了以往快乐的日子。

直到有一天，主人读了一本关于猴子的书……主人模仿猴子拿着香蕉挂在吊灯上，下面的莫卡用理解又无可奈何的眼神看着她。

《像狼一样号叫》［日］庆子·凯萨兹 文／图
任溶溶／译 江苏少年儿童出版社出版

我们每个人可能都有过这样的想法和冲动，那就是想成为自己所羡慕的别人，别人拥有那么多的"好"，成为别人，那该有多棒呀！于是我们就模仿、跟随、扮演，走在成为"别人"的路上，最终却发现，这个"别人"好像并不适合自己，自己也不喜欢这样的"别人"。

每个人都是这个世界上的独一无二，我们在看待别人时，常常会"**以偏概全**"，无论是优势还是劣势，会无限放大，加以"**晕轮效应**"的光环，殊不知，有时我们的信息量并不全面。就像莫卡，觉得像狼一样捉野兽、号叫多酷呀！多么希望自己也可以像狼一样，于是离家，来到森林，发现自己根本无法捉住野兽，因为它必须跑得要比兔子快，机智要赛过小田鼠，这些并没有想象中的有趣。接着他又发现对着月亮号叫也不是一件快乐的事情，夜深人静的夜晚，拼尽力气，大声号叫，没有快乐可言，有的却是恐惧和被引来的狼群。这个时候，莫卡才发现自己并不是真正想成为狼，只不过是被自己想象的表面上狼的"好处"所吸引，成为狼并不是自己真正所想要的。

说与写

看到图1和图2，你感受到了怎样的心境？又让你联想到了什么？

看到图3，你能感受到莫卡是怎样的心情？莫卡可能又会有怎样的所思所想呢？

图1是四格构图以不同的角度呈现了莫卡捉野兽的过程,也表达了莫卡当时的心境:累、气、怕、郁闷。在好奇好笑中让读者身临其境又无可奈何。图2中的莫卡号叫后引来了真的狼群,这时莫卡的眼中没有骄傲和自豪,有的只是恐惧和害怕,狼群们的叫声如闪电击中莫卡的心,大小对比、上下对比、冷暖色的对比更加凸显莫卡矛盾又恐惧的心理。图3中的莫卡和主人拥抱在一起,她们共同的笑脸,是那么的欢乐和祥和。主人飞扬的头发和莫卡竖起的耳朵都在告诉着我们她们内心的激动。主人兴奋的是心爱的宠物终于回来了,而莫卡的兴奋可能不仅仅是回到了家,更为重要的是他找到了自己,更加确定了自己的想法。

联结旋律

前面提到过著名的心理学家埃里克森将人的一生划分为八个阶段,每个阶段都有发展的冲突,解决当下的冲突则是这个阶段的核心任务,如果任务完成得好,就会获得这个阶段的同一性;如果任务没能很好完成,则会带来同一性残缺、不连贯的状态，影响下一个阶段的发展。

在这里我们可以发现，同一性对于我们每个人的成长是非常关键的。在青少年时期，自我同一性的获得是重要的发展任务。这个时期的孩子常常会迷惑于自己是谁？自己是怎样的？我要成为怎样的自己？常常会在他人和环境的影响之下，迷失自我，去模仿、追寻一些可能并不适合自己的东西。

此时作为旁观者的家长，可能会焦虑，可能要说教或制止，要让孩子少走弯路，效果却往往差强人意，甚至适得其反，孩子觉得家长不理解自己、看不起自己，这也就难怪很多家长最后气得说出："你这是不到黄河心不死，不见棺材不落泪。"亲子间的隔阂越演越烈。其实在这个过程中，作为旁观者的家长应该让孩子自己去理解、去体验才是最好的引导方法。

有的家长会觉得，那不行呀。如果让孩子自己试一遍，会给他带来伤害，也没有那么多的时间、空间等着他成长。其实，这里的理解和体验也并非是都要让孩子真实地试一遍，在这里我们就可以运用绘本这个大家都喜欢的方式，让孩子自己去觉察，和感受，如果觉察过、感受过，孩子还是坚持要自己试一试，那么就让孩子去试一试，相信在这个过程中，有了之前的觉察和感受，他能更好地掌控发展的态势。

还有最为重要的是，无论怎样，我们的家长如果能做到像莫卡的主人一样，默默地等待，始终保持耐心、爱心、包容心，可能孩子很快就能够找到自己，更加肯定自己。

读与听

有一只长着苹果绿皮毛的小狼，看到一群长着灰色皮毛的小狼在踢足球，开心地和他们打招呼，却被小灰狼们狠狠嘲笑。小绿狼伤心地跑走了，他下定决心要变成灰色的狼。他来到服装店，买了灰色的服装，甚至还戴上一个灰色的面具。但一只小灰狼发现了小绿狼的绿色尾巴，于是又被嘲笑了一番。小绿狼没有放弃，将柴火熄灭后的粉末涂满了全身，结果一场大雨将灰色粉末全都冲掉了。小绿狼又找来了灰色的油漆涂在身上，结果艳阳高照，晒得小绿狼无法呼吸。正在这时，来了一个小仙女。她举起魔法棒要帮助小绿狼实现愿望，结果竟将小绿狼变成一条金鱼。小绿狼哭了，即使金鱼很漂亮又能游来游去；再次改变时，小绿狼又变成了一只鹦鹉，即使鹦鹉有1000多种漂亮颜色的羽毛，还能够自由飞翔，小绿狼还是不愿意。再变，小绿狼又回到了本来的模样。小仙女觉得自己不是一个称职的仙女，但小绿狼并不这觉得，他觉得小仙女很称职，而小仙女也觉得小绿狼是只可爱的小狼。小绿狼突然不想变成灰色的狼了，他迅速跑到森林里，在小灰狼们还没开口时，他昂首挺胸地说道："我就是一只绿色的狼，不过，那又怎么样呢！"

《小绿狼》[法]勒内·葛舒/文
[法]爱瑞克·盖斯德/图 李英华/译 湖北美术出版社出版

小绿狼刚开始并不觉得自己的颜色有什么问题，结果当他碰见了小灰狼们，当他听见了小灰狼们的评价后，他开始疑惑和动摇了。好像灰色才是狼该有的颜色？好像只有这样才能够成为一只合格的狼？于是小绿狼不停地尝试，用尽了各种方法，结果发现并不适用，甚至适得其反。小仙女都来帮忙，结果还是没能变成小灰狼。但是在这个试图改变的过程中突然让他发现，无论是游来游去的漂亮小金鱼，还是自由自在有着千种颜色羽毛的鹦鹉，亦或是看来正常的灰色小狼，其实都不如真实的自己可爱。他不仅找到了自己，而且也帮小仙女认识了自己，否则小仙女就要去歌剧院跳舞了。做好自己才是最好的选择！

说与写

如果给这幅画起个名字，你会起什么名呢？

你觉得，此刻小绿狼是怀着怎样的心情奔向森林的呢？

飞走的小仙女，让你想起了什么？

小绿狼奔向的是森林,更是自我成长的信心和希望、瞪大的眼睛、微张的嘴,是对未来不确定的期待,迈开的步伐,是前进的动力和信心。背景中的蓝天白云和绿树成荫让人感受到未来更多的美好和期待。在(P249)画面中还有一个玄机,那就是左图中一棵独立的树和左图中一片树林。这棵饱满的独立的树就像是顿悟后的小绿狼,充满了生机和活力,即使他没有融入整片的树林,但是他让人深深地感受到他的生机和独立,又让人感觉到他与树林之间的呼应与和谐。他在向人们展示着,他是森林中的一员,但他又是特别而精彩的一员。这不就是小绿狼吗?特别而精彩的小绿狼!左上角小仙女飞走的背景增加了画面的趣味,留给我们大家更多思考和联想的空间。

联结旋律

"别人家的孩子"是家长心中"优秀"的代名词,却是自家孩子心中的噩梦,很多孩子也曾努力地想成为别人家的这样的孩子,结果发现成为了一个,还有千百万个别人家的孩子在等着。有家长可能会说,我并不要求孩子多优秀,但他最起码要做到基本配置款的别人家的孩子吧!是啊,听起来好像并不难,就像是小绿狼只是想把颜色变成灰色而已,但是想尽了办法,最终连小仙女都来帮忙了,还是没有实现。为什么呢?因为在追求"和别人一样"的道路上,最终的目标仍不是自己,而是别人，所以道路无论崎岖还是顺畅，这并不是个体真正的目标。就像踢球，把球踢进了别人的门框，踢得再好又有什么用呢！

如何让孩子成为自己，这才是我们每个家长要去思考、用心引导孩子实现的。成为他人，并不是家庭教育的本质目标。曾经有一些风靡全国的书籍，家有常春藤孩子，家有哈佛女孩、牛津男孩，不是说这些家长的教育理念不好，他们都是很好的家长，不然也不会有如此优秀的孩子，但是我们如果盲目地去追寻和模仿别人，可能就是对自己孩子最大的不公平。

每个孩子都不一样，无论现在的他们是优秀还是顽劣，他们都有属于自己的精彩，无论是好上加好、坏中渐进、忽好忽坏，这些都应该是孩子在追寻成为自己这个过程中的精彩，而不是成为别人。

孩子成为自己的过程需要小仙女，当然不是想要什么就给什么的仙女，也不是一心把孩子变成别人的仙女，应该是一位让孩子逐步认清自己、不断点燃自我信心的机智仙女。

幸运的孩子会在奔向成为自己的过程中，有一位能够给予足够空间、包容和理解的仙女。我们的家长们，你们已经成为让孩子变得更加幸运的那个人了吗？

画语心声

戴眼镜

父母篇

《戴眼镜》[日]楠茂宣/著
[日]垂石真子/绘 吴常春/译 东方出版社出版

我不想戴眼镜，爸爸妈妈却要带我去配眼镜，因为是医生的建议。可是班里没有人戴眼镜，如果我戴的话，同学们一定会笑话我。到了眼镜店，我试了一副眼镜。老板说，戴上它，我看上去非常聪明。难道没戴眼镜的我不聪明？又试了一副，老板说，戴上它，我看上去非常可爱，难道没戴眼镜的我不可爱？再试了一副，老板说，很合适，这种眼镜材质非常轻。不戴眼镜岂不是更轻？最后，妈妈帮我选了那副最轻的眼镜。我说："要是戴上眼镜就能变得聪明、可爱，能看到非常细小的东西，能在天空中飞翔，那我就戴。"第二天，我没戴眼镜就去上学了。老师说她小时候也戴眼镜，而且戴眼镜会看得很清楚。有天早晨，妈妈戴上了一副眼镜。妈妈说，戴上眼镜做早饭比平时更有干劲了。我戴着眼镜来到学校，这时老师走进教室，老师也戴上了一副眼镜。老师说，戴上眼镜可以知道大家心里的想法。做早操时，校长也戴着眼镜了，保健老师也戴着眼镜，还有隔壁班的老师，老师在远处向我眨了眨眼睛，戴上眼镜后的我看得非常清楚。

家里的孩子发生过类似的情况吗？你是怎样看待这些事情的？当孩子不愿意听从大人的建议去做我们觉得对的事情时，我们常常会觉得孩子不听话，作为家长的你通常会怎样处理呢？

生活中再普通不过的一个戴眼镜事件，其中却包含着家长和老师们的大大智慧。相信在这样一种方式的引导下，孩子今后的生活会让他们更加勇敢地面对突发情况，更加坚定地做自己。最后结尾中写到的"看得更清楚"是孩子更加了解自己、接纳自己、感恩周围、感恩生活的体现。家长在与孩子共同生活的过程中有很多这样的契机，但很多时候可能都被我们所忽略，就像这个戴眼镜事件，很多家长可能觉得，医生都建议要戴眼镜了，那当然要戴了，还有什么可质疑的？但是在这个事件中，孩子是有很多的内心语言和活动的，稍没处理好，就可能会让孩子对自己失去勇气和信心。但是用心的家长如果能够很好地把握这一机会，则是建立和谐亲子关系的最佳时机。我们家长摒弃让孩子成为他人，转而让他们成为自己，家长们需要悉心观察、充分把握生活中的机会，引导孩子看清自己、悦纳自己，满怀感恩之心地做自己！

画语心声
穿毛衣的小镇
孩子篇

《穿毛衣的小镇》［美］麦克·巴内特 / 著
［加］乔恩·克拉森 / 绘　李韧 / 译　接力出版社出版

在冷冰冰小镇的一个下午，小姑娘安娜贝尔在雪地里发现了一个盒子，里面装满了五颜六色的毛线，安娜贝尔用毛线给自己织了一件彩色的毛衣，又用剩下的毛线给自己的小狗也织了一件，盒子里还有一些剩下的线。出门散步时，小男孩内特因为嫉妒，取笑她们的毛衣。安娜贝尔给小男孩和他的狗也织了彩色的毛衣，还有剩下一些线。到了学校，安娜贝尔给每个同学以及老师都织了一件彩色的毛衣，线依然有剩下。她又给爸爸妈妈、胖墩儿先生、胖墩儿太太、怕怕医生、小矮人路易斯都织了彩色的毛衣。不怕冷先生说自己不需要毛衣，安娜贝尔就给他织了一顶毛线帽，毛线还有剩下。于是安娜贝尔又给所有的小动物们都织了彩色的毛衣，毛线还是没有用完。安娜贝尔就给那些根本不穿衣服的家伙也织毛衣，整个冷冰冰小镇都穿上了彩色毛衣，变得和原来完全不一样了。人们从世界各地赶来，欣赏安娜贝尔织的毛衣，一位公爵要买下安娜贝尔的毛线，可是出再高的价钱，安娜贝尔也不卖。公爵雇了小偷，偷走了安娜贝尔的盒子，结果当公爵打开盒子一看，盒子里竟然什么也没有，他气得把盒子扔进了大海，盒子漂洋过海又回到了安娜贝尔的身边。安娜贝尔继续用这些用不完的彩色毛线为身边的人织着毛衣。

生活中你有遇到过自己想做一些事，但是因为外界环境的种种干扰而放弃，或者因为自己的坚持而成功的事情吗？当时你是怎么想的？事情又是怎么发展的？

好一个神奇的盒子，装着用不完的彩色毛线，但只在安娜贝尔的手中才有这样的魔力。安娜贝尔不是魔女，只是一个普通的小姑娘，但是她用自己的爱心和坚持让盒子散发出无穷无尽的魔力。彩色的毛线其实是一个鲜明的象征，那就是安娜贝尔要成为"积极而温暖的人"的坚持，她用坚持感化、带动着别人，她用坚持改变了整个小镇。刚开始安娜贝尔也遇到了否定和不认同，但是安娜贝尔没有消极和埋怨，没有退缩和放弃，坚持用她积极、温暖的态度感染着这些人，并且在这个过程中她也更加坚定了自己，也带来更多的阳光和温暖。

这个神奇的盒子其实就是安娜贝尔所创造的，所以别人永远拿不走，盒中彩色的毛线就是源源不断的能量和最珍贵、最有价值的财富。

给家长的话

做自己，还是做他人？做自己有那么重要？

答案是肯定的。因为做自己是让我们不断产生有行动力的生活目标的本源，只有在做自己的前提下，所有的目标才有意义，所有的目标才有实现的可能性，否则的话往往是镜中花、水中月，不堪一击。

生活目标对我们每个人来说都非常重要，每个人的生活目标都不同，也都在不断变化着，但无论是怎样变化的生活目标，首先必须是要在成为自己的前提下，否则再美好的目标，也成为不了动力，也无法真正实现。

这里有一个有趣又美妙的故事，很久以前在一个村庄里住着五个兄弟姐妹，他们没有爸爸妈妈。有一天，国王知道了这五个孤儿的事，决定领养他们。五个孩子高兴极了。村子里的人们，纷纷前来告诉孩子们要好好准备，谁能送给国王最好的礼物，谁就能住到大城堡里去。于是，大哥决定送给国王一件美丽的木雕作品，他不停地削呀削，刻呀刻；二哥要给国王展示他的聪明和博学，他不停地做着难题；大姐决定送给国王一幅美丽的画，她不停地画呀画；二姐要给国王唱一首最动听的歌，于是她不停地唱歌弹奏；而最小的妹妹，觉得自己好像什么都不会，平日里她只是一个小马僮，赚一些钱买食物给哥哥姐姐。于是她想向哥哥姐姐们学习做礼物的本领。但哥哥姐姐们没有一个有空理她，她沮丧地来到了城门边，继续做着照顾牲口的工作。一天，一位商人模样的人来到小镇。他问："小姑娘能否喂喂我的驴。"她欣然答应。当得知商人来自很远的地方，她便建议商人可以坐下休息一会儿。在商人休息的时候，她就静静地坐在他的旁边。商人醒来后，发现了身边这个可爱的小姑娘。他笑着告诉小姑娘说："等我办完事情，会再来看你的。"很快商人就回来了，他告诉小姑娘："他要找到的人都太忙了，都没空见我。"原来这个商人就是国王。小姑娘告诉国王，她想做他的孩子，但是她什么都不会，也没有准备最好的礼物。国王笑着对她说："你已经把最好的礼物给我了。你的善良，你的时间，还有你的爱，你当然可以做我的小孩，我就是爱你本来的样子。"

《爱你本来的样子》［美］陆可铎/著 ［美］马弟尼斯/绘
郭恩惠/译 东方出版社出版

保持自己其实真的很不容易，我们常常会在周围环境和人物的带动下有所改变。当然如果是发自内心的自我成长那是好事，但如果只是为了改变而改变，就会像四个哥哥姐姐那样为了准备最好的礼物而准备最好的礼物，早已忘记了礼物的本质——心意。

这个时候其实我们很需要有人对我们说一句："爱你本来的样子。"这是一句让自己变得更好、更强、更有特色的 magic words。

孩子降临到家中，陪伴在父母的身边，不就是这个小姑娘的样子吗？他们的心、他们的善良与美好，他们的时间与爱，是给予家长最美好的礼物，也呈现了最宝贵的自己。但随着时间的推移，我们很多的家长开始无法对孩子说出"喜欢你本来的样子"这一句话。他们更喜欢孩子可以学习再好一点、能力再强一点、表现再完美一点，于是不停地让孩子变得"好""再好""最好"。孩子在不停地按照标准变得更好的过程中，渐渐迷失了自己，失去了之前最美好的天性。就像小女孩那四个哥哥姐姐，在为国王准备最好礼物的过程中逐渐迷失自我，到底他们是因为爱国王而准备礼物，还是在为准备最好的礼物而准备礼物？最早的初心可能已经被逐步忘却。

孩子在自我成长的过程中，需要不停地探寻自我，但也有迷失方向的时候，这个时候如果我们家长能够以理解而宽容的态度引导，以等待的方式静静支持，可能孩子很快就能获得自我的同一性。

如果在这个过程中，家长们反而在孩子变成别人的过程中推波助澜，那么即使孩子看似成为父母们想象中的"别人家的好孩子"，但其实也并不是一件值得令人高兴的事情，背后隐藏着许许多多的危机，会促发孩子在成长的路上不断地积累着更大困惑，更容易促动亲子关系中潜伏的重大危机。因为当孩子已经成为了别人，亲子关系中能没有更大的焦虑与矛盾吗！

孩子在成长的每个阶段都需要有"爱你本来的样子"的鼓励。

"爱你本来的样子"是我们每一个人都常常需要默念心间的 Magic Words。

第15章
我，最了解自己的人

我是谁？

谁是我？

这不是词语游戏，这其实是一个对自我不断思索的过程。

如何更好地了解自己，其中有个非常重要的秘密通道，那就是"过程性"，在对"明天的人"所要具备的品质论述中，所有的社会、教育、心理学家都提到了一个特性，那就是"过程中的人"。我们每个人都是处在不断地发展、不断地改变的过程中，要做一名能够适应未来信息技术、科学技术所带来的社会变化的人,"过程中的人"是我们重要的品质,也是一个不能忽略的关键要素。

我,现在正在做什么?
好?坏?我现在很好!
前进过程中的比萨斜塔!
我正迈在通往成功的大路上!

过程中的人是欢快的人、幸福的人,更是不断成长的人。

在过程中的视野下,没有解决不了的困境,没有不美丽的征途,没有不激动人心的目标。

读与听

丹蒂是只可爱的小牛。她住在草原上,那里的牧草细嫩、甜美、新鲜,但是每当她看见火车经过,她就想去远方旅行。于是,她呼唤来自己的好朋友马丁——一只会采集颜色的小鸟。马丁带着丹蒂开始了旅行,黑夜来临,丹蒂觉得黑色很美;她看见了圆圆的月亮,她又梦想着一个白色的国度。他们来到了冰雪世界,丹蒂看见远处天空的一角,又让她梦想着一个蓝色的国度。他们来到了海边,各种蓝色都在这儿出现,远方开过一艘轮船,丹蒂又沉浸在新的梦想中。金黄色的沙漠、山脚下红色的平原……突然丹蒂看见一块由草地上、田野里的鲜花组成的巨大彩色格子布,这是马丁为丹蒂准备的惊喜。丹蒂又回到了自己的家乡。她感叹道:"马丁,所有这些美丽的颜色,都能在你的翅膀上找到。绿色真美,这是我最喜欢的颜色,这是我的颜色,这是我的草原的颜色!"

《色彩的翅膀》[法]米歇尔·皮克马尔/故事
[法]艾瑞克·巴图 文/图 袁筱一/译 北京联合出版公司出版

这是一本非常美的绘本,除了美,它还讲述了一个触动人心的神奇故事。乍一看,这是小鸟带着小牛旅行的故事,途经那么多美丽的地方,让小牛那么快乐和幸福,但其实故事的背后有着更加深刻的思考与感悟。

从绿色开始到绿色结束,为什么丹蒂最后说绿色是我最喜欢的颜色,这是我的草原的颜色?为什么丹蒂会对马丁说:"所有的颜色都能在你的翅膀上找到?"

丹蒂和马丁其实是一个整体。向往看到更多颜色的小牛,不就是生活中不断前进的我们吗?我们希望看到更多,收获更多,看到绿色,还想看黑色;

看到黑色，还想看白色；看到白色，又想看蓝色……不停地追逐。终于看到彩虹色的原野，但这好像还不是最终，因为最美的还是心底原先的那一抹绿色。原来最美早已在我们心中，彩虹就在我们的身边。小鸟就是我们每时每刻的经历，我们当下的每时每刻都在感受着彩虹的绚丽，只要我们能够拥有最初的那一抹初心——心底的绿色。

说与写

你感觉第一幅图和第二幅图最大的不同在哪里？分别对第一幅图中的丹蒂和第二幅图中的丹蒂说一句话吧！

看着相似的两幅图，其实却蕴含着很大的不同，第一幅图中的丹蒂眺望着远方，一心想着别处更美的风景，有渴望也有茫然。冒着白烟的火车，飘向空中的白色烟雾更像是丹蒂绢长的思绪。第二幅图中的丹蒂，踏实幸福地和马丁靠在绿色的草堆上，深深体会到彩虹就在身边的道理，有满足也有期待，更有收获的动力。草地上那一个亮绿色的旅行包，就是希望和动力的象征。如果要给这两幅图起个名字，是不是可以叫作："绿色中的向往""静谧中的幸福"。

联结旋律

我们常会说"享受当下",很多人却不能真正做到,就像丹蒂一样,一开始就身处在最美的绿色之中,但是她还希望看到更多。庆幸的是,在不断地追寻中,丹蒂知道了最美的颜色就在身边,有最美的初心,享受当下的宁静,更有未来的彩虹。

如何保持初心?如何享受当下?又如何拥有未来的彩虹呢?读完下面的小品文你可能就会有自己最佳的答案:

"嘿,我现在正在做什么?"

你坐过过山车吗?你最喜欢或最期待的是其中的哪一段行程呢?是车子爬到顶端往下冲的那一阶段?还是从底端冲上顶端的那一阶段?我想每一位坐过过山车的人都会深刻记得当时的感受,极大的忐忑充斥心田,在忐忑中等待着最刺激那一阶段的到来,在尖叫中享受着心跳加速的感觉。接着又期待着更刺激的下一阶段。那么有没有人认真去感受自己正在经历的每一阶段,并将它作为最期待的一阶段呢?

你的好友突然出现在你的面前,拍着你的肩膀大声问道:"嘿,你正在做什么呀?"这时的你可能会惊讶,停顿片刻,再看看自己、想想自己，然后有些不太习惯地答道："我在听，我在想，我在写……"可是如果你的朋友是这样问你："嘿，前段时间，你都做了一些什么呀？"或者问："嘿，接下来几天，你准备做什么呢？"你可能会很快地回答："前段时间，我的偶像开演唱会了，好想买张门票，但实在太贵了，爸妈肯定不会答应。""接下来，我想参加一个动漫展，还可以现场 Cosplay 呢！"

为什么之前或之后的事我们可以很快很具体地说出，而对于正在发生的事却不能马上反应呢？原因很简单：因为我们平日真的很少去关注自己正在做的事。更多的是纠结之前发生的事，展望之后发生的事。

> 晓雪趴在课桌上，一个上午一点精神也没有。昨天月考的成绩下来了，不仅数学、物理考得不尽人意，就连自己一直感觉不错的英语也考得非常糟糕。当看到分数的那一瞬间，晓雪就觉得天好像塌下来了。数学和物理拼命努力却毫无起色，自己的强项英语好像也正离自己而去。"自己到底是怎么了？""真得像别人所说，女孩子上高中，理科会很吃力？""再这样下去，自己看来是上大学无望了，可能毕业都是难事了。"一个晚上，晓雪就在焦虑和悲伤的情绪中迷迷糊糊地度过了。今天来到学校，完全不知道要做什么，上课不想听，笔记不想记，下课不想动，说话不想说……

"我想做'同传'，也就是同声翻译，到目前为止国内优秀的同声翻译还没有多少呢！我想成为国家领导人出访时身旁的同声翻译，或者是百强企业 CEO 商务谈判时的同声翻译。"思浩雄心勃勃地向家中的访客说着自己对于未来的构想，引来访客的一片赞赏。

一转身，思浩回到自己的房间，看着满桌的书本，深深地叹了口气，胡乱地翻看着书本，随手拿起练习卷做了起来。没一会儿，又被这枯燥又生涩的题目弄烦了。索性躺在床上睁大双眼看着天花板，又想起来他那迷人的梦想……

"嘿，晓雪，你现在正在干什么呢？"

这时会不会一语惊醒梦中人呢！

"嘿，思浩，你现在正在干什么呢？"

思浩会不会想起现在与未来的联系呢？

"What am I doing?" 读起来是不是有点别扭，是的，这个在小学就学会的句型，但确实让我们很陌生。我们会常说："What are you doing?" "What is he/she doing?" 我们却极少会问"What am I doing？"在追忆过去展望未来的时候，我们是不是常常忽略了这个最为重要的"现在"。过去的悲伤留到现在的不一定是悲伤，而现在的碌碌无为却只会让未来的辉煌越走越远。

昨日，和好友因误会吵翻，今日，你会找个机会开诚布公地和好友聊聊自己的感受？还是你决定继续在愤闷中度过，看着好友既生气又不舍？面对昨日糟糕的考试成绩，今日，你会仔细找出错题原因，针对自己的弱项请教老师或者同学，上课更加认真听讲？还是你决定在难过中度过，趴在桌上悄悄地流着眼泪？昨日，老师的一句批评，今日你是会更加努力，用行动证明？还是你会责怪老师，索性"破罐破摔"？昨日，父母没答应你的要求，今日，你会针对父母所说的问题进行反思和调整，让父母尽快体会到这个要求对你的重要性？还是你会和父母实行冷战，你们不听我的，我也不听你们的？

已经发生的事，无法再改变。未来的事，还无法预知。你所能做的，并且能做好的，是"现在"，是我们现在常说的"当下"。从实验心理的角度来说，当下是一种能量，更是一种可控变量，是我们每个人最有权力、最有力量能够去调整的变量。

阿伦森说，之前总想着过山车从顶端冲下去的那段最刺激，结果余下的路程都在等待这段的到来。当他听到别人说其余各种不同的路段也充满刺激时，他突然想到自己总期待着未来到来的这一段，却忽略了正在经历的这一段。于是他学会将所有正在经历的这一段都作为心中最美的期待和感受。这也是阿伦森70多岁在双目几乎失明的状态下，还能够不断地感受生活美好的真谛。

怎么让自己活在当下，其实也很简单，请时常问自己这么一句："嘿，我现在正在做什么？"相信，接下会发生什么，你一定会知道！

> "我已经坐了78年过山车，每一段经历我都喜欢。有时骤然坠落，比如失明和有所失时；有时欢欣鼓舞，比如获得重要的科学发现时。如果非要我选择最喜欢的一段，我会说：此时此刻。"
> ——［美］埃利奥特·阿伦森　当代最杰出的社会心理学家之一，美国艺术与科学院院士，美国心理协会120年历史上唯一一位获得所有三项大奖（杰出研究奖、杰出教学奖和杰出著作奖）的心理学家。

读与听

有一位鸡蛋哥哥，总是不愿从蛋壳里出来，想一直待在蛋壳里。因为做鸡蛋有很多有意思的事，譬如可以在各种小动物身上捉迷藏，可以浮在水中游泳，最重要的是可以时常在妈妈温暖的怀抱里。可是有一天，一个突发事件，鸡蛋哥哥的壳碎了。鸡蛋哥哥伤心、苦闷、不知所措……朋友们纷纷帮助鸡蛋哥哥寻找可以代替蛋壳的东西，虽然，最终并没有找到，但是在这个过程中鸡蛋哥哥体会到没有蛋壳的自己其实也还是蛮不错的！

《鸡蛋哥哥》［日］秋山匡／著
小然／译 江苏凤凰少年儿童出版社出版

在寻找蛋壳的过程中，鸡蛋哥哥渐渐发现失去蛋壳其实也没有什么大不了。没有了蛋壳其实还有更多的优势，能够更快长大，能够像爸爸那样，拥有傲人的鸡冠，能够做很多还是鸡蛋时所不能做的事……在生活中，我们常常也会有类似的体验，遇到困难、挫折或"不幸"后，会觉得好像天都塌下来了。可是当你静心感受并面对它时，你会发现这些困难、挫折或"不幸"可能也没有什么大不了的，甚至有时它们还会带给你意想不到的幸运。

记住,每一件发生在你身上的事情都是一个"礼物",只是有的"礼物"包装得很难看,让我们心怀怨怼或是心存恐惧。所以,它可能是一次灾难,也可能是一个礼物。如果你能带着信心,给它一点儿时间爱你,耐心、细心地拆开这个惨不忍睹的外壳包装,你会享受到它内在蕴涵着的丰盛美好,而且是为你量身打造的礼物。

《重遇未知的自己》张德芬著

说与写

看着水洼中的自己,鸡蛋哥哥对自己说了一句话。你能对鸡蛋哥哥说一句话吗?

走到镜子前,看看自己,最想对自己说的话是什么?

是水洼这个特别的媒介,让鸡蛋哥哥更加看清了自己,也让读者有了更深刻的感悟。水洼中的鸡蛋哥哥和现实中的鸡蛋哥哥虽然一模一样,通过水

形成的蓝色的点状背景却有了鲜明的对比。水洼在这里是个很特别的存在，水洼是让鸡蛋哥哥更加看清自己的"镜子"，同时也是代表着外界对于鸡蛋哥哥的印象。水洼中的自己没有浑浊反而是更加清晰，这也代表着鸡蛋哥哥正更加清楚地感受着自己，同时外界也在接纳着鸡蛋哥哥的存在。蓝色的背景象征着期待和未来，点状的背景激发了人们和鸡蛋哥哥一样的思绪和动力。未来没有想象中的可怕和艰巨。在接受此刻自己的同时也迎接了未来的充满希望的自己。

联结旋律

生活中的我们其实常常需要有这样一个清晰自我的时刻，水洼让自己看到了自己，其实也正是他人世界中的自己。很多时候我们不敢面对自己，是因为被自己的想象所吓倒，想象外界、想象他人对自己的不接纳和不认可，想象自己在他人心中可能不好的形象，其实当我们真正透过这个外界的联结——"水洼"去正视自己时，会发现一切远没有想象中的可怕，水洼给了我们客观清晰的评价，并且点点波澜正在激发着我们对于未来的不断探索。

让我们一起来看看下面的小品文，你可能会更加清晰地感受到这个神奇的"水洼"。

好？坏？不用担心，我仍然很好！

去年9月，洛克成为一名预备年级的新生。但在过去的这一年，他并没有好好珍惜，除了调皮捣蛋，完全没有将学习放在心上。结果，今年的9月，洛克还是一名预备年级的学生。暑假中，洛克想着又要面临新的班级、新的老师、新的同学，而且自己还是以一名留级生的身份入学，心情更是一下子跌落到谷底。开学第一天，洛克磨磨蹭蹭到了班级，准备迎接让人沮丧的再一次预备生活。可随着时间推移，他发现状况并没有他想象的那么糟。大家相互介绍、相互认识，同学们对于他这名留级生并没有过度的关注，也没有他所想象的讥笑和嘲讽。大家都很平静地相处着，上课、下课、放学，老师们也没有对他投来异样的眼光，完全将他当作一名正常的预备年级学生。渐渐地，洛克适应了现在的生活，而且，以更加积极的态度面对自己的学习。这不，在新一轮的班干部评选中，洛克竟然被同学们推选为劳动委员。瞧，洛克正坐在教室中认真听讲呢！

从神经学的角度来说，神经元有一种不可忽视的特性，那就是"适应"。即当新的刺激出现时，神经细胞会产生强烈反应，但接下来，会慢慢逐渐"习惯"，接着对已经习惯的刺激的反应会趋于缓和。所以说当人类遇到新的变化时，虽然刚开始会有些不适应，但是慢慢地会逐渐"习惯"这个改变。而且，在我们心理学的研究中发现，人类对于新的变化除了"适应"，还会有一个很重要的举动，那就是自我校正。

一次心理课，老师做了个假设："如果同学们每天能够收到18400元钱，并且要求必须当天把这些钱全部用完，不允许存起来，你会怎么做？"此言一出，教室中一片哗然，大家顿时热血沸腾地规划着、讨论着。对于这样一件飞来的"好事"，每位同学都异常兴奋。接着，老师请同学们说说对于这么多钱的安排：

A同学："我要买很多我想吃的、好吃的，我是吃货。"

老师："买这些好吃的，能将这么多钱全部花完吗？"

A同学挠挠脑袋："好像用不了这么多，那就请好朋友来吃。"

老师："18400元是每天都会有的哟！你是打算每天都是这么做的吗？"

A同学："这么一想，如果天天这样，好像也没什么意思，顶多坚持三四天吧！"

B同学："我要用这些钱买我喜欢的球鞋。"

老师："球鞋需要这么多钱吗？"

B同学："当然，我买某某球星亲笔签名的球鞋。"

老师："天天都这么买下去吗？"

B同学："嗯……好像买太多也没有什么意思了，我也穿不了这么多鞋，而且还需要很大的空间来放这些鞋。又要买房子了，哎，房价太贵呀！"

全班哄堂大笑。

……

发言的同学，纷纷发现，原来觉得会让自己兴奋异常的事，如果一直这样，很快感觉就会变得平淡。

看来很多人梦想的天上掉金元宝的事，如果真正发生了，也不会像想象中的那样"此生无憾"，而真实的状况是顶多激动一阵子，过不了多久又回归了正常。

这就是人类心理的特性：适应。人的心理对变化特别敏感，但是对于绝对状况，心理的反应就会变得钝化。

对于好的变化，适应特性让我们不断有新的追求目标，不满足于现状，不断攀登。而对于坏的变化，适应特性让我们能够不断调整，克服困难。所以从这个程度来说，中千万大奖和突遇横祸的心理变化，可能区别并没有我们所想象得那么大。

好？坏？哦，不用担心，我会很好适应的！

> 21岁时，我对人生的期盼降到零。从此以后，所有事情在我眼中都是上天给我的额外恩赐。
>
> 物理学家斯蒂芬·霍金

读与听

　　微美克人是一群小木头人，他们都是由木匠伊莱雕刻而成的。他们每天都会做一件事，那就是互相贴标签。木质光滑、漆色好、有才能、有学问、会唱歌、会跳舞的木头人就会被贴上金星星；木质粗糙、油漆脱落、什么都不会的木头人就会被贴上灰点点。胖哥是一个总是被贴上灰点点的小木头人。他想跳得和别人一样高，但总会摔得四脚朝天，别人就会给他贴上灰点点。不久以后，他就不想再出门了，他怕自己不小心做点傻事，别人又会给他贴上灰点点，而且还有些人会因为他身上有灰点点就会毫无理由地再给他贴一个灰点点。胖哥越来越觉得自己不是个优秀的微美克人。有一天，他遇到一个既没有灰点点也没有金星星的微美克人露西亚，标签在她的身上根本粘不住。露西亚让胖哥去找木匠伊莱。伊莱告诉胖哥，不用在乎别人是怎么想的，也不要因为别人的评价影响了自己，重要的是我觉得你很特别。伊莱告诉胖哥为什么别人无法给露西亚贴标签，因为她把"自己的想法看得比别人的想法更重要"，标签只有当你在乎时才粘得住，当你不在意它时，自然就粘不住了。"记住，你很特别，我创造了你，从不失误。"胖哥虽然还没有很好理解，但他心里已经开始这么想了，灰点点已经一个一个地掉下来了。

《你很特别》［美］陆可铎/著 ［美］马第尼斯/图
郭恩惠、丘慧文/译 东方出版社出版

　　《你很特别》是个特别的童话故事，说到木头人，大家肯定会不由自主地想到皮诺曹。皮诺曹那么可爱却因为说谎而长出可怕的长鼻子，他同样有一位创造他并深深爱着他的父亲。

这里的胖哥也是个可爱的小木头人，刚开始的时候他却总生活在阴影之下，因为他身上总是被贴上灰点点，而且当他越是在意别人的看法时，灰点点就会越多。幸好他遇见了露西亚，幸好在露西亚的指引下，他见到创造他的伊莱。在伊莱的指引下，他逐渐感受到自我想法的重要，找到了不被粘上贴纸的秘诀。"你很特别"这几个字传递出了无限的能量！

说与写

图一你感受到了什么样的气场，你觉得此刻胖哥心里可能在想着什么？图二你又感受到什么气场，此刻胖哥又会想些什么呢？

鲜明对比的两幅图，第一幅图被夹击在中间的胖哥显得沮丧又无奈，头顶的三个灰点显得刺眼和醒目，正要贴在身上的第四个灰点压在胖哥的身上，

让他无处逃脱。布局上的夹击感，以及与身边两人的身高差异，让胖哥显得更加卑微。周围两个人身上的金星星让胖哥身上的灰点点显得更加阴沉灰暗。整个画面让人有想逃离又无法逃离的压抑之感。第二幅图背景的暖光首先让人为之一振，伊莱和胖哥之间亲切又和善的对视，散发着无限的力量，这时胖哥身上的灰点点已经显得微乎其微，胖哥显得比任何时候都要亮丽。目光的对视包含了千言万语，"我在乎自己，我很特别"已经逐渐深入胖哥的内心。

联结旋律

伊莱是胖哥的创造者，也是一个非常好的隐喻，他其实就是胖哥，他和胖哥是一体的，这也就是伊莱为什么对胖哥说，"你只要在乎我是怎么想的"。伊莱觉得胖哥很特别，这就是胖哥对自我的认同。伊莱是每个小木头人的创造者，其实就是我们每个人心中的自己。这也就是为什么露西亚能成为令人羡慕的特别的木头人，相信胖哥马上也能成为令人羡慕的闪耀着光芒的特别木头人。

生活在社会群体中的人，会不由自主地在意他人的评价，而且很多人还会因为他人的评价产生更多对自己不客观的评价，于是负向效应越来越严重。为什么呢？我们来看看这篇《比萨斜塔在心中》就知晓答案了。

比萨斜塔在心中？

得知好友竟然在班委选举中说了自己的缺点。顿时，好友在你心中的形象除了可恶，还是可恶，同时内心涌现了好友以往众多"可恶"行为。此刻的你可能无法马上想起你和好友在一起的快乐时光，或者好友曾对自己的帮助。

上课被叫起来回答问题，但对于这个问题，你真得不知如何作答，冷场了半天，在老师的"请坐"中结束。整节课你的两颊绯红，下课你也觉得抬不起头来，羞愧溢满心中。同学们该怎么看我呀？一定觉得我是一个很差劲的人。这时的你可能已经完全想不起你是一个优秀的学生，曾经有过多么精彩的发言。

当然，在这里绝不是指责你是个斤斤计较的人。其实真正想告诉大家的是，十有八九的人都会这么想。

这背后其实暗含了一个人类共有的心理机制，那就是"负向偏好"，即人们会更多注意负向的信息和事件。也就是说人们对于坏事的反应要比对于好事的反应更快、更强烈、更持久。

一次月考失利，可能让你想到更多的是自身能力的不足、学业的无望。老师一次不留情面的呵斥，可能会让你对老师心存芥蒂，甚至对这门学科有了放弃的念头。

一点点病痛，我们就感觉得到，而健康得活蹦乱跳时，我们却毫无知觉。

——富兰克林

当然"负向偏好"并不是人类致命的缺点，只是有时它会和我们恶作剧罢了，调皮地让我们心中的天平倾斜。这时的我们应该怎么办呢？先来看一个有趣的心理实验：

参加实验者坐在电脑屏幕前，盯着电脑屏幕中心点的位置看，间隔几秒在这个位置上就会闪现一个词，如果实验者觉得这个词"好"或"令人喜欢"，就用左手敲击一下按键，如果觉得"不好"或"令人讨厌"，就用右手敲击一下按键。看似很简单的实验，其实暗藏玄机。玄机就在于电脑有时会在目标词语出现之前，以几百分之一秒的速度在中心点的右方飞速闪现另一个词。虽然这个词出现的速度足以让人无法觉察，但是它已进入人的潜意识，直觉系统已经快速读取并做出反应。实验的结果发现，如果在右方闪现的词语是让潜意识感觉不好，或令人讨厌的，那么接下来如果在中心点出现的也是"不好"或"令人讨厌"的词语时，人们判断的速度会比平常更快。而如果在中心点出现的词语是"好的"或者"令人喜欢"的，那么人们将会花比平常更长的时间来判断。

这个实验被心理学家称之为"情感启动"实验，由此也总结出"情感启动效应",就是把启动刺激与目标刺激有相同价值（即在评价上一致时）和具有不同价值（即在评价上不一致时）相比,前一种情况,对目标刺激的加工会得到促进,会加工得更快、更准确。

"情感启动效应"其实已经将很好的调适方案告诉我们,那就是在我们判断和理解所面临或将要发生的事情时,可以先给自我的潜意识一个"积极备注"。这时,对于"负向偏好"的启动和发生将起着重要的作用。

"我那么认真刻苦,却考得很糟糕,班中有的同学上课睡觉,回去玩手机,却考得比我还好。看来我的智商真是一塌糊涂,在学习上我还有什么希望?现在的我还在理科班,真是不想读了。"

这时,尝试一下"积极备注"吧!在看到自己的成绩时,先闭目养神思考一会儿,"自己有着认真刻苦的优良学习作风,可能自己在学习方法上还有些问题,最适合自己的方法可能还需要继续探寻。我还要保持合理的作息制度,前一阵虽然花了大量时间在学习上,但是并没有进行很好的休息,饮食上也没有规律,这些其实对自己的学习都有着一定的影响。现在同学们都在暗暗努力,我要不断寻找,不断突破。"我想做好这些"积极备注"之后睁开眼睛的你,首先想到的将是我要好好分析一下自己的错题，自己的弱势到底在哪儿？自己的作息制度回去后要进一步调整。

比萨斜塔在心中，你是愿意让它成为一道风景还是危险的建筑？答案在你心中已经很清楚了。

读与听

有一位爱跳芭蕾的女孩名叫贝琳达，她每天认真练舞，有一双非常大的脚。起初她并不觉得有什么问题，但在参加芭蕾舞选拔时，评委们纷纷表示这样的一双大脚是永远跳不好芭蕾的。贝琳达很难过，决定放弃跳芭蕾，她来到了餐厅，当起了服务员。餐厅的客人都喜欢她，因为她脚步轻盈，做事认真。一天，有一个乐团来餐厅表演，贝琳达忍不住跟着打起拍子，跳起舞来。后来，每次在乐队正式表演前，贝琳达都会趁客人还没来，随着音乐跳一会儿舞。一天，老板问她愿不愿意跳给客人看，贝琳达欣然答应。越来越多的人来餐厅看贝琳达跳舞。有一天，大都会芭蕾舞团的指挥也来到餐厅，他被贝琳达的舞蹈深深打动，他邀请贝琳达去剧院表演，评审委员们也被她的舞蹈所打动，根本没有人注意到她的脚有多大。贝琳达快乐极了，她一直跳啊跳，至于评审委员们说什么，她一点也不在乎了。

《大脚丫跳芭蕾》［美］埃米·扬 文/图
柯倩华/译 河北教育出版社出版

爱跳芭蕾的贝琳达希望自己能够在大剧院的舞台上跳舞，于是，她参加了跳舞选拔。原本她信心十足，评委却只关注在她的大脚。评委的评价，狠狠地打击了她跳芭蕾的信心。后来，她成为一名服务员，虽然不是自己理想中的职业，但是她积极面对，将之前因为跳舞带来的优势也发挥到工作中去，成为一名手脚灵活、勤劳肯干的服务员。一次偶然的机会，在乐队来演奏之时，贝琳达情不自禁地跳起舞来，这时的她坚信了自己对舞蹈的热爱，并尊重自己的感受，做此时此刻让自己快乐的事情。结果神奇的事情发生了，她竟获得了在著名剧院表演的机会。她对舞蹈的热爱，感染了每一位评委，评委再也没有纠结她的大脚了，此刻的贝琳达已经根本不在意评委说什么了，因为她已经找到了自己所热爱的事情，坚定了自己的信念。

说与写

根据画面请你描述一下此刻的场景？

你能体会到贝琳达这时是什么样的心情吗？如果是你，你可能会怎么做？

这是一幅很有张力的画面。拿着叉子和桌布飞舞起来的贝琳达让人感受到那一刻的沉浸和美好，她是那么轻盈、那么投入。如果不是画面下方门内的厨师提醒着人们这是在餐厅，那一定会以为这简直就是一个闪耀着艺术光芒的大舞台，左下角的乐手们也被她所吸引，更加卖力演奏，蓝色的墙面背景在贝琳达优美舞姿的映衬下仿佛变成无垠的蓝天，贝琳达手中的餐布也好似变成空中的白云。这股浓浓的感染力带动着周围所有的人，连厨师锅中的菜也飞舞起来了。

联结旋律

在音乐声中尽情舞蹈的贝琳达让人感受到无限的能量和动力。尽管被评委否定，但是不能进入大舞台而当上餐厅服务员的贝琳达是失败者吗？当然不，她其实是一个不断迈向成功的潜力者，因为任何时刻她都能沉浸其中，感受自己热爱的舞蹈，表达自己的舞蹈，这不是一个成功者是什么呢？人们常常对成功的定义就是最后的结果，但是成功并不只有一个简单的结果，它其实更重要的是一个过程，过程才真正体现了成功的本质。如何成功？首先要问一下自己："我王走在迈向成功的路途中吗？"

"我要是和他一样，能够拥有一部新型的手机就好了！那是多么令人向往的东西呀！"于是你努力地节省零花钱，努力地让自己生活、学习表现更好，努力地说服父母……终于，你拥有了自己梦寐以求的手机。在拿到手机的那刻，你激动万分，小心翼翼地熟悉着手机的新功能。一天、两天之后，虽然看着新手机，还是很满足，但是你也发现，好像并没有当初所想的那样——拥有手机的日子是多么的不同与特别的快乐！再过几天后，你更加发现，拥有手机的日子其实一如往常。是自己五分钟热度？喜新厌旧？预想错误？

嗨，不要难为自己了，你没有错！这就是我们奇特的心理！

生活中，其实每个人都会遇到类似的情境："好想好想进入前三名啊！"于是，你拼命努力，结果如你所愿。可好像也没有当初想象得那样持久的震撼人心。而让你最记忆犹新的反而是你向着这个目标奋进的过程，积极地向老师请教，悄悄地向"学霸"学习好的方法，憋足劲儿在家读写、练习和思考。

"好想参加放假后的同学聚会！"于是，你积极锻炼身体，合理作息，努力迎考，决心以一副身心俱佳的状态出现在老同学们的面前。空闲之余就偷偷畅想着聚会时的欢乐景象，又给自己增添了几许动力。聚会开始了，聚会进行中，聚会结束了。一切好像并没有当初想象得那样激动人心，除了聚会刚开始那会儿的激动外，别无其他。

"好想好想和他/她成为朋友呀！"于是，你时刻注意自己的形象，积极寻找可以和他/她在一起的机会。当他/她不经意间表示对你的赞同时，你会欢呼雀跃。可他/她真的成为你的朋友，你会发现原先的激动劲儿逐渐没有了，你们也会争论，他/她原先在你心目中完美的形象也渐渐趋于普通。

这样的情境其实有太多太多，不是这些成功不重要，也不是你喜新厌旧。而是，我们对于成功时喜悦的高估以及对向着成功前进过程的忽略。回头好好想想，是不是这些向着成功渐近的过程才是最让你记忆深刻、感悟万分的呀！人们总是喜欢畅想着成功时的伟大场景，却忘了享受迈向成功过程中的每时每刻！

行为主义心理学家做过这样的实验：当动物做出有利于自己进化，并让自己在生存过程中保持领先地位的行为时（暂且称为"成功行为"），大脑就会分泌一种叫"多巴胺"的物质，这是一种可以带来愉悦和快感的神经递质。如果在动物做出这些"成功行为"时，马上给予强化，这样动物在日后出现这些"成功行为"的概率就会增多。但如果不能马上给予强化，而是过了一段时间，有时即使是十几分钟后，那么动物的这些"成功行为"出现的概率就不会增多。同样，人类在成功时大脑也会分泌多巴胺，这些多巴胺并不像我们所期待的那样会不断地、持久地分泌，往往只是在刚刚获取成功之时的一小段时间内产生。所以，这些实验告诉我们成功可能并不会像我们所想象那样，会给我们带来持久的激动人心、欣喜若狂。

心理学家查德·戴维森指出：人有两种积极情感，第一种为"达成目标之前的积极情感"，这是我们朝着目标前进时感觉到的情绪。第二种为"达成目标之后的积极情感"。前一种情感会不断地激发人们的动力，而后一种情感则会（让大脑在达成目标后，前额叶皮质活动趋缓）让人感觉到短暂释放的满足感。

所以，对我们每个人来说，真正重要的是向着目标，也就是成功努力的过程，它让我们不断去体会动力和激情。而对于成功结果的到来，更多的是让我们体会到卸下包袱后短暂的轻松和愉悦。

突然想起众多颁奖典礼，获奖嘉宾很多会说："这个成绩对于我来说只是过去，未来我会更加努力。"不少的人可能会对这样的说法嗤之以鼻，"偷着乐吧，假谦虚，心里还不知道怎么得意呢！"其实无论这些获奖嘉宾心中是不是真这么想，但至少他们所说的是准确无误的。成功的结果并不重要，重要的是享受迈向成功过程的每时每刻！请问，此时的你正走在迈向成功的路途中吗？

> "成功之时，一切已结束。努力的过程是最幸福的！"
>
> 莎士比亚

画语心声

S 的魔盒

孙涛

1

斯迈尔是一个性格孤僻、没有朋友、不擅长与人交往的孩子。
看到别的孩子欢天喜地结伴出游时，自己却只可以在树下看他们玩耍，他就会觉得很悲伤，也很孤独。

2

有一天，他收到一个包裹，里面装了一个神秘的东西。
"这是？"斯迈尔问。
"我……是神。"盒子里冒出一个声音，"我可以实现你一个愿望。"

3

"我……我……我想要……一个……有意思的朋友！"
"好，我实现你的愿望。"

"我叫柒雅。"
"你好！"

4

"我们做好朋友吧!"
"好啊!"
"我叫斯迈尔。"
"呵呵。"
就这样,他们成了一对好朋友,一起玩耍。

5 斯迈尔开始接触他人。
而缇雅则为他加油。
斯迈尔不再孤单。
三年安然无恙地过去了。

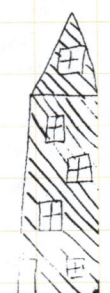

6

"斯迈尔,你已经有了许多朋友,我必须走了。" "为什么?"
"有些事,我无法和你说。" "可是……"
"我也想留下。可是,你的心在召唤我。" "什么!!!"
"S的魔盒为了帮助你,用了所有的力量,创造了一个和你有一样心理的我,也正是所谓的——另一个你!"
"现在我必须走了。" "不!"

7

"这个 S 的魔盒就送你了,虽然不可以再使用,但可以让你想到我,再见了。"

"不!"说完,斯迈尔晕了过去。

8

醒来后,他发现了一张纸条,是缇雅留下的,上面写着:永不分离,我们就像交叠的影子!不要伤心,我会为你加油的!再见了,斯迈尔。

永不分离 我们就像交叠的影子 不要伤心,我会为你加油的 再见了 斯迈

    有趣、神奇又充满哲理的故事,很难想象故事的作者是一个小学六年级的小男孩。我们每个人都走在成为更好的自己的路途之中。每个人都有这样的一个魔盒,小男孩的是 S 魔盒,可能你的是 W 魔盒,他的是 Z 魔盒。魔盒的魔力来自何方?

    就是那个最棒的自己呀!

给家长的话

这是个让生命更加出彩的宝典，是作者独家打造的秘方！运用它，可能会让你感受到生命不一样的光彩，生活中很多的困惑和问题也会迎刃而解。希望我们家长先细细品味，再把所得的收获和孩子一起分享吧！

首先这种方法以积极心理学的核心理念为基础，运用具体而明晰的方法步骤帮助我们来更好地建立可适应的积极关系；鉴别自身的性格优势和美德；培养优势和积极情感；学会从不幸中学习乐观和希望；学会爱和处理关系，了解家庭成员中的力量；做愉快的事，享受愉快；通过做一些有意义的事定期证明自己的力量；回忆自己的进步，获得和保持充实的生活。

"力量六步法"包括六个步骤：力量认识、力量外化、运用力量、感恩力量、体味力量和形成力量。具体的解释见"力量六步法构建表"。

力量六步法构建表

步骤	一	二	三	四	五	六
名称	力量认识	力量外化	运用力量	感恩力量	体味力量	形成力量
基本解释	通过回顾和引领，发现和鉴别自身的优势和美德。	找到将自身力量释放和展示出来的具体途径和方法。	在具体的生活实践中进行运用。	认同自我优势并感谢自身优势的存在。	感知力量所带来的心流体验，强化对自我力量的积极感知。	形成面对同类事件的积极认知和行为，并带动相邻力量的酝酿和形成。

接下来我们来看一些真实的案例，看看他们是怎样运用"力量六步法"，让自己走出困惑、获得力量的。

【自我意识类】我怕

小清在出生后的第七天就被现在的养母领养。养母是残疾人，工作很忙。养父患有精神类疾病，需要长期住院。养母一个星期和小清待在一起的时间只有半天。在小清十岁的时候，养母为了让小清能过上更好的生活试图将小清送回亲生父母的身边，可三个月后小清就回来了。自此以后，小清慢慢像变了个人，再也不像以前那样听话、乖巧和独立，而是越来越不懂事、贪图享受。小清看着养母随着年岁增长越来越不方便的身体，也从不主动帮忙做些最基本的家务活，有时对养母交代的小任务，也想方设法偷懒。进入高一后，因为乐于参加一些集体活动，在新组建的班级中，老师和同学们选举她当班长。可在她担任班长不久后，做出让人震惊的行为——她竟拿着班费去做了头发。她在与同学的交往中也时常发生一些矛盾，几次将班级中一位家庭条件很好的同学作业本子藏起来，让这名同学着急万分。

"力量六步法"的运用过程

基本步骤		具体操作
1	力量认识	通过对自身成长过程的回顾，引领小清发现： 1. "妈妈工作很辛苦，有时还要去看望爸爸，自己常常是一个人在家。"——坚强、独立，能照顾好自己。 2. "进入高一，被同学们推荐为班长。"——是个受欢迎的人，得到别人的认同，是被别人需要的。 3. "十岁时，被养母送回到亲生父母那里，但自己不喜欢那儿，于是三个月后就回来了。"——知道自己需要什么，有清晰的感受力和判断能力，并能做出相应的选择。同时自己对于现在的养母充满了感恩之情。

续表

	基本步骤	具体操作
1	力量认识	"其实自己并不是故意要藏起同学的本子,有几次是疏忽。主要是因为那个同学总是在别人面前炫耀父母给自己买的昂贵的东西。"——能够理性地分析事情,知道自己行为背后的想法,有自省的能力。
2	力量外化	无论是在自己的家中,还是在校园的集体生活中,自己是被需要的。妈妈需要小清能照顾好家,照顾好自己。班集体中自己作为班长,同学们很多事情都是需要班长去协调处理的。因为被需要,在自己的能力范围内,积极思考自己还能够为班级做些什么呢。 　　能够明确知道自己需要什么样的生活、什么样的家庭,果断做出选择,并没有因为亲生父母比较好的生活条件而放弃养母,这是充满了感恩的做法。思考在现在日常的生活中,是什么阻碍了自己感恩的表达。 　　对于错误,自己能够理性面对,并知道行为背后自己的想法和感受,这种能力可以更好地发散到日常的生活中去,让自己可以更理性地面对生活和学习。
3	运用力量	运用自己坚强、独立的能力,怀着感恩的心为需要自己的人做自己力所能及的事。如,生活中和妈妈多沟通,多帮衬妈妈。班集体中更好地发挥班长的带头作用等。明白自己是被需要的。 　　更细致地体会自己行为背后的想法,体会自己的内心感受。发现自己最需要和最在意的方面——得到他人的认同,拥有温暖的母爱,不要被抛弃。并为之付出积极的行动:和养母积极沟通,表达心中的感受:坦诚沟通十岁时养母为什么要送自己回到亲生父母身边? 自己当时是怎样看待养母的行为? 在这种感受中,自己又是怎么做的。知道养母送走自己的真实原因后,自己又是怎么想的,接下来又该怎么做? 　　理性看待自己曾经做错的事,分析当时自己是基于什么样的想法? 十岁时的事件所留下的"不安全感"深藏在心中,放弃了主动与养母沟通的机会。原本以为能够深藏和忘却,却让潜意识牢牢记住了它,影响自我意识的发展,"我不好""我是麻烦""我无能"慢慢充斥了自己后面的生活,不知不觉地逐渐体现在行为表现之中,与养母的逐渐生疏、对立,与人交往中的自卑和敏感,不良的行为的日益频繁……感受自我内心的期待和渴望,并采取相应的积极行动。

基本步骤		具体操作
4	感恩力量	感谢拥有一个养我、爱我的养母。感谢养母、老师、同学们对我的积极期待和需要。感谢发生在自己身上的突发事件，它们让我更好、更及时地反省内心，发现自己内心真正的需要。感谢那次被送回亲生父母身边的事件，它让我更加懂得了自己的内心，更加爱自己现在的家庭和生活。
5	体味力量	自己拥有能让未来、成长更加精彩的个性品质和能力，自己能够更好地认识自我、分析自我、提升自我。
6	形成力量	自己是被需要的，自己也是有需要的，不要压抑自我的内心，真诚而勇敢地表达感受。在今后自己的人生道路上拥有面对困难和挑战的巨大能力。

【人际交往类】我喜欢你，我该怎么办？

小玉是高二的女生，外表看起来像个假小子。为人非常仗义，对于自己看重的朋友，会尽全力支持。在班级中有很多的"好哥们"。从高一起，小玉就喜欢班长小杭，总是默默关注着小杭，并竭尽全力地帮助小杭，甚至有时会引来朋友和其他同学的不满。平日里她经常会和小杭短信和QQ联系，但在班上两人不会有过多交流。小杭也经常要小玉帮他做一些事，每次小玉都是竭尽全力帮助小杭。小玉最为困惑的是小杭对自己时冷时热，从没有正面表达过对自己的喜欢。当自己选择放弃小杭，不再喜欢他时，小杭又会主动来找自己聊天，并且对于自己的关心从不拒绝。自己现在很困惑，心情也经常会有很大起落，不知道怎么办才好。

"力量六步法"的运用过程

	基本步骤	具体操作
1	力量认识	1. 引导小玉认识到：自己有很多的"好哥们"。——自己具备男孩子身上表现比较突出的敢作敢为、讲义气、守信用等优秀个性品质，获得了男生们的认可。 2. 喜欢上班长，默默关注着小杭并竭尽全力地帮助班长。——有女孩的细腻心思，能够用积极的互动方式表达出自己的喜欢。 3. 小杭从没有正面表达过心意，自己选择放弃。——能够理性面对自己的情感问题。 4. 能够认识到自己现在的困扰，并果断地寻求帮助。
2	力量外化	自己表达喜欢的方式是积极健康的。（竭尽全力帮助对方），需要思考的是在具体行动的实施中是否也能够保持一个积极的状态。（在自己主观不愿意的情况下，为了讨好而一味地满足。） 仔细分析一下自己对班长的"喜欢"，到底何种情感占据更大的比例：仰慕、爱慕、欣赏、迷恋等。 思考自我内心的纠结主要来源于什么方面。 想一想，希望自己的困惑得到怎样的解决。
3	运用力量	延续自己敢作敢为的作风，和班长开诚布公地谈一谈，（为避免尴尬，可以采取短信和QQ的联系方式），客观地表达出自己对班长的情感，和现在自己的困惑和感受。 拿出自我理性面对问题的能力，无论班长给出怎样的答案，自己都能够合理面对。 加强自我的感受，不能一味地讨好，而丧失自己的感受。
4	感恩力量	感谢自己独特的个性，拥有那么多"好的哥们"，这是一般女孩所做不到的。 感谢自己能够喜欢一个人，这是一段令人回味的记忆。 感谢自己曾经和班长有那么多的交流，让自己感受到温暖。 感谢自己能够勇敢面对，大胆表达自己的喜欢。 感谢班长能够给予自己答复，自己能够理性面对。
5	体味力量	自己用果断和勇敢很好地处理了在青春期发展过程中既重要又敏感的事件。在这个事件中自己能够更好地面对自我的内心，并学会用积极的方式进行处理。
6	形成力量	坦诚勇敢地表达自己的感受，感受喜欢和被喜欢的力量，并能够理性地面对。

【应对能力类】"猩猩""猴子"

小辉和小浩是预备年级的学生。最近两个人一见面就吵，闹得不可开交。老师用协商、训斥等软硬兼施的方法都无法调和他们之间的矛盾。他们的矛盾其实很简单，就是小浩说：'小辉总是说自己像'猩猩'。"小辉说："小浩总是说自己像'猴子'。"老师让他们不要再互相嘲笑对方了，同学们也劝阻，但就是没有效果，两个人动不动就会为这个问题吵得不可开交，而且陷入一种恶性循环之中。

"力量六步法"的运用过程

	基本步骤	具体操作
1	力量认识	小浩： 　　不喜欢被别人称为"猩猩"。——猩猩属于四肢发达，头脑简单的动物。 　　自己不喜欢成为这样的人。——对自己有好的期待，希望自己向好的方向发展。 　　如果是其他人称自己猩猩，可能会好受些，就是很愤怒小辉称自己猩猩，小辉经常会做出一些很幼稚的举动，不喜欢行为和年龄不符合的人，欣赏成熟理性的人。——自己有理性的想法，有一定积极的目标。 小辉： 　　不喜欢自己被别人称为"猴子"，自己并不讨厌猴子，讨厌的是他人没有把自己当人看，希望得到别人的尊重。——自己有较强的自尊心，不喜欢不被尊重。
2	力量外化	小浩： 　　自己是希望成为一个有思想、理性而成熟的人。而小辉希望得到别人的尊重和认可。给别人起绰号是幼稚、不成熟的表现。这个恰恰是自己内心所不认同和不喜欢的。所以自己给别人起绰号时并没有获得好的体验，而是不好的感受。 小辉： 　　自己是希望被尊重的。给别人起绰号是不尊重别人的表现。这种行为和自己的需求是背道而驰的，不符合自己的内心的期望。

续表

	基本步骤	具体操作
3	运用力量	了解自己和别人的需求和期望后,认同别人行为背后的心声。以接纳的态度面对之前的矛盾,并逐步改变自己的行为。
4	感恩力量	感谢这次的经历,它让我更加看清自己的内心需求。 感谢自己是对自己有期待和要求的人。 感谢对方与自己的互动,这些都是对自己提升有价值的体现。
5	体味力量	我能够清晰分析自我的内心和需求,我正在朝着自己期待的方向努力。
6	形成力量	在矛盾的应对中,能够分析和理解背后深层次的内容,并且懂得自己的需要,能够用适当的行为朝着自我期待的方向前进。

看完以上的案例,是不是已经对"力量六步法"有了更加具体而鲜明的理解呢!那么还等什么,赶紧积极运用起来吧!家长可以先试,然后引导孩子;也可以孩子先试,分享给家长;或者家长和孩子一起试。记得,比力量更重要的是自我的感受,感受到、体味到、运用到,于是再次形成和获得力量。这同时也是生命的特质——看见她,感受她,收获她!

积极心理学之父马丁·塞利格曼将"幸福"分成三个"部分":快乐生活(Pleasant Life)、充实生活(Engaged Life)和有意义的生活(Meaningful Life)。

"**快乐生活**"是指对过去、现在和将来的积极正面的情感。关于过去的积极情感包括安宁、知足和满意。关于现在的积极情感包括躯体愉快(意指直接且相对短暂的知觉上的欢欣)和复杂愉快(是指需要学习和培养的乐趣)。乐观、希望、信念、信任和信心则是关于未来的积极情绪。快乐生活是将快乐和积极情感扩展到最大，并把痛苦和消极情绪缩减到最小。

"充实生活"是指充分利用个人优点、天分和潜能。

"有意义的生活"是指参与和为带有积极性的机构和组织服务。

让自己学会快乐生活、充实生活、有意义的生活，我想这是每个人都会追求的状态，当然也是我们这本书希望带给家长和孩子的状态。希望大家在生活中能够感受到乐趣、投入、意义和幸福，享受自我力量不断增长的过程。

第 16 章
生命可以看见

生命，无影无声、无形，与我们相息相伴，但往往又是我们最容易忽略的。

就像人们常常说的一句话"生病时，才知道健康的可贵"，健康的时候，人们很容易忽略健康的价值和意义，一旦失去，才发现原来自己之前拥有那么可贵的东西，生命也同样如此。

有人可能会说："是啊，生命就像空气一样，反正一直拥有着，为什么要时刻感觉到呢？"

其实不然。生命需要被看见，当你真正看到生命时候，无限的能量也就来到你的身边。

读与听

惠理家隔壁住着一对盲人夫妇,妻子璐美肚子里的小宝宝就快要出生了,丈夫阿明却在去上班的路上摔了一跤,住院了。暑假的一个清晨,璐美走路滑了一跤,肚子很疼,她向在家的惠理求助。惠理赶忙拨打了120。在开往医院的路上,惠理不断鼓励璐美,要坚强。在给璐美加油的同时惠理也是在给自己加油。终于,璐美被送进了分娩室,小宝宝顺利出生了。璐美哭着,抚摸着小宝宝的头,亲吻着她的脸,紧握着她的手,不停喊着她的名字。璐美和小宝宝回家之后,惠理经常来探望她们。璐美用手和嘴感受宝宝的状态和需求,知道小宝宝什么时候要换尿不湿,什么时候肚子饿了。当惠理感叹:璐美阿姨要是能看见就好了。璐美却说:"我看得见,生命是可以看见的哟!"这句话,永远留在了惠理的心中!

《生命可以看见》 [日] 及川和男 / 著 [日] 长野英子 / 图 吴常春 / 译 东方出版社出版

璐美的这句话给惠理带来了无限的震撼,生命可以被看见!什么是生命?是吃奶、拉臭臭、哭泣,这是生命?还是各种各样的感受、思考,这是生命?或者心脏跳动,活着,这是生命?能被看见?又怎样看见呢?

在陪伴璐美生产的过程中,让惠理感受到生命的坚强与能量。小宝宝出生之后,惠理又感受到生命的价值与意义。看着璐美养育宝宝时,惠理又感受到生命的温暖与强大。生命每时每刻都在我们身边,给予着我们无限的能量。当你静心去感受,一定能看到生命最美丽的模样。

说与写

你会给这幅画起个什么名字呢?

在这幅画里你看见了什么?你觉得哪些是被看见的生命呢?

　　图中鹅黄色的背景给人温暖的感觉,画面中璐美的形象虽然只是用黑色线条简单地勾勒几笔,却生动呈现出一位母亲的恬静、享受和期待,红润的脸颊与画面底色形成呼应,更显温馨和甜美。右侧的柜子、柜子上的花瓶和宝宝的鞋子,都让人感受到浓浓的生活气息和满满的期盼。花瓶中的花虽然是用黑色描绘,但花朵呈现的形状不正是一个个闪亮的小太阳吗?这是一幅静态的画,却让人感受到生命的动态和张力,那么美好,那么让人向往!

联结旋律

生命可以看见吗？

刚出生的宝宝，是鲜活生命的代表，璐美的眼睛却看不见，那能看见生命吗？璐美坚定地说："我看得见，生命是可以被看见的！"这是一种最透彻的看见，因为这是用"心"去看见。我们每日一朝一夕的生活，早起、吃饭、上学、放学、写作业、睡觉，这是大多数人每日的生活线索，看似平平淡淡、简简单单，其实每时每刻都蕴含着生命的印记和能量。打着哈欠、伸个懒腰、穿好衣服、起床，如果你节奏很慢，那是慵懒又惬意；如果你的节奏很快，那是匆忙又明快。无论怎样，生命中美好的一天开始啦！好吃的早饭，美美享受；不好吃的早饭，明日还有期待！校园中课上、课下，有序又有趣，不经意间总有小插曲发生，或大或小，或好或坏，没有了这些，那还是有趣的校园乐曲吗？放学路上，听个歌、聊个天、发个呆，又是一段不错的路途呀！作业多或少、难或易，这都是一件件宝贵的原创作品，在完成作业的过程中你或是文学家、或是数学家亦或是艺术家……这么多绚丽的身份你都能自由转换，那么多自我作品都在不断产生，这是一个多令人兴奋的过程！晚餐时间和家人聊个天或尽情品尝美食或填饱饥肠辘辘的肚子，无论怎样好像都是不错的选择！终于到了睡觉时间，又能做个美美的梦，又能想个心事，又能……无论怎样，充实的一天过去了，新的一天即将开启啦！生命的美好就这样暗含在点点滴滴之中。生命很奇特，如果你不用"心"去看，可能美好的她会越离越远，直到你完全感觉不到她，但是如果你用"心"去看，每时每刻她都在你的身旁，温暖地默默陪伴着你，还经常会带来一个又一个惊喜！

读与听

有一只死过 100 万次，又活了 100 万次的猫。曾有 100 万个人宠爱过这只猫，在这只猫死的时候哭了。但猫一次也没哭过，无论是带他打仗的国王，还是和他一起看风景的水手，亦或是魔术师、小偷、老太太、小女孩……后来猫开始成为自己，很多猫都想成为他的新娘，可猫都看不上，觉得她们配不上自己。只有一只白猫看也不看猫一眼，对于猫的神奇、猫的光荣历史不为所动。最后，猫对白猫说，我能待在你的身边吗？就这样猫和白猫生活在了一起，白猫生了好多可爱的小猫，猫再也不像以前那样炫耀自己的历史，他喜欢白猫和小猫们胜过喜欢自己。小猫长大了，一个个离开了父母，白猫也慢慢地老了。猫多想和白猫永远在一起。但有一天，白猫静静躺在猫的怀里，一动也不动了。猫抱着白猫，流下大滴的眼泪，他头一次哭了，一直哭，哭了 100 万次。一天中午，他的哭声停止了，静静躺在白猫身边，再也没有活过来。

《活了 100 万次的猫》［日］佐野洋子 / 著
唐亚明 / 译 接力出版社出版

这只活了100万次的猫，和国王、和水手、和魔术师、和小偷、和老太太、和小女孩……经历了各种各样的生活。但每一次经历生死猫都没有什么感受，因为他从来没有真正地参与到每一次的生命中去。直到猫遇见了白猫，当他发自内心地想要和白猫在一起时，他的生命意义才真正开启，在生活中猫才投入了自己最真挚的情感。虽然最后猫没有再活过来，但是他已经真正感受过生命的存在了，一次就是永远！

说与写

从画面中你感受到什么呢？猫这时又是怎样的心情呢？他在想着什么呢？白猫在想着什么？小猫们又在想着什么呢？

你最喜欢画面中的什么呢？为什么？

这是一幅由中心向四周辐射的画，画面中间是白猫和这只活了100万次的猫，四周是他们可爱的孩子，小猫们形态各异，有在互相嬉戏的，有在张

望的，有在自我研究的，有在扑蝴蝶的。第一眼看到这个画面首先会被这只活了100万次的猫所吸引，他身上的花纹以及若有所思的眼神，微微上扬的嘴角让人不禁想去了解他的感受，慢慢地看到他身边那只表情是那么淡然，还那么美丽和高贵的白猫。她让人感受到独立，又感受到和家人间的亲密。接着就是遍布画面四角的小猫们，不同外貌、不同形态，生动、可爱和有趣，画面中还有点缀的小花、若隐若现的蝴蝶，整个画面动静结合。散落每一处的细节都能讲述一个有趣的故事，这些故事更是暗含着无数生动的主题。亲情、爱情、人生，其实是让活了100万次的猫真正感受到什么才是生命的意义和价值啊！

联结旋律

这是一个很神奇的故事？其实它是个写实的人生哲理故事。故事叫"活了100万次的猫"，但最后却是以猫再也没有活过来作为结尾。

是悲剧？不。其实是一个类似于喜极而泣的故事。

喜的是什么呢？猫活了100万次，但是并没有真正感受到"活着"，只有最后一次，猫才体会到真正的"活着"，因为这一次他才真正体会到什么是"情感"，什么是让人觉得美好的"喜欢"，生活原来是那么得令人愉悦和向往。

猫正是因为体会到这些，才真正地活了一次，完整地感受了生命的过程。虽然失去了白猫的他很伤心，但是完整生命的体验，让猫获得了更多的能量，最后的"没有活过来"其实是另一种意义上的"活"，是对生命的觉醒！

读与听

孙子孙女问爷爷奶奶，为什么他们的头光秃秃的，皮肤皱巴巴的？

爷爷奶奶说："我们出生的时候，就是这样。慢慢地，我们会流口水，打饱嗝，学习上厕所，练习说简单的话。

"在不同的年纪，玩不同的游戏。

"高中的时候，我们喜欢冒险，偷偷抽烟，开爸爸的车。

"到了大学，继续做些刺激的事，开派对。

"我们没有成为科学家，爷爷成了特技演员，奶奶当了电影明星。我们就在拍戏时相爱了，结了婚。

"很快有了你们的爸爸。他长大以后，成了尼罗河一带有名的摔跤手，对手是鳄鱼。他遇到了你们的妈妈，然后就有了你们。

"我们在慢慢变老了，皮肤越来越皱，头光秃秃了，整个人好像缩小了一点，但是，我们还是喜欢做些刺激的事情。"

《精彩过一生》［英］芭贝·柯尔 文/图 柳漾译
北京联合出版公司出版

这是个有趣又有个性的故事，孩子直白的提问，打开了爷爷奶奶的记忆之门。这是一对豁达又有趣的爷爷奶奶。在他们人生的每一个阶段，都过得很有特色，尽管每一个阶段都有一点遗憾，也没有想象中的完美，却是那么真实与可爱，让人不断地感受到其中的精彩，不由自主地会让你感叹："当你真心投入其中，就会品尝到其中的无限滋味，这就是人生啊！"

说与写

以上三幅图是人生三个阶段的代表，每幅图都呈现出精彩的片刻。看到这些图，你想到了什么？选一幅或多幅，欢乐地交流起来吧！

不同的人生阶段有不同的特点，三幅图共同的一个特点就是用夸张、幽默、情景化的方式来呈现，一下子将人生阶段这个理性又严肃的话题诠释得生动又有趣，引人入胜。

第一幅图，练习坐马桶的宝宝身边那颗飞起来的炸弹，让人忍俊不禁，心领神会。练习说话的宝宝旁，那只张大嘴巴吐出舌头的怪兽，没有让人觉得害怕反而觉得可爱又憨厚。这是否就是这个时期宝宝的一个鲜明特色呢？

第二幅图，是处于青少年时期的爷爷，在尝试做刺激的事，躲在被子里抽烟，紫色烟雾穿透出被窝，还有快要燃起的火星。偷开老爸的汽车，"砰——砰——砰"一辆黑车都被撞飞了起来。充满动态和延续感的画面，让人思绪万千。

第三幅图，用了一个特别的聚焦方式，破墙而出的爷爷，白色的背景和环绕着的淡棕色墙砖，让穿着红衣、围着绿领巾的爷爷显得特别突出，倒立式的姿态，表达着爷爷的专注与投入，此时的爷爷充满了力量与魄力！

联结旋律

这是一个让人忍俊不禁的故事。看起来是爷爷的回忆录，其中却蕴含着无限的意义。人生各个阶段的"课题"，感觉多少本书都说不尽，爷爷三言两语却道出了本质。从表面看，好像没有什么特别，就是陈述着简单的人生阶段，没那么具体也没那么生动，但这其实正是作者的良苦用心——"浅入深出"。

如何"浅入深出"了呢？

我们先来了解一位著名人物——西格蒙德·弗洛伊德，著名的心理学家、精神分析学派创始人。弗洛伊德创建了心理学史上第一个系统的人格理论，提出人格是由本我、自我和超我三个部分组成。

本我是指原始的、与生俱来的潜意识的结构部分，其中蕴含着人性中最接近兽性的一些本能性的冲动，它按照快乐原则行事。

自我是指意识的结构部分，处于本我和超我之间，监督自我，予以适当满足，它按照现实原则行事。

超我是指人格中最道德的部分，代表良心、自我理想，处于人格的最高层，它按照至善原则行事。

这三个"我"贯穿我们每个人的一生。我们回到绘本故事中，"我们会流口水，打饱嗝；学习上厕所，练习说简单的话；我们会爬来爬去，单脚站立，蹦蹦跳跳"。这些都是本我的生动体现，本我是与生俱来的，按照最原始的愿望而来，如婴儿饿了就会哇哇大哭。随着年龄的增长，当你进入小学、初中，你饿了还会马上直接哇哇大哭吗？你可能会选择不同的解决方式，就像文中所写："在不同的年纪，玩不同的游戏，高中的时候，我们喜欢冒险，偷偷抽烟，开爸爸的车；跟不合适的人谈恋爱，跟合适的人谈恋爱，可是爸妈根本不同意；到了大学，我们继续做些刺激的事，我们开派对。"这些都是自我的鲜明表现，按现实原则行事，它让人生闪耀着特别的光芒，就像一句广告词所说"活出自我"，这是激动人心的。"我们没当成科学家，却在电影公司找到了工作，爷爷成了特技演员，奶奶当了电影明星。"职业的选择也体现着爷爷奶奶的超我，这是他们的追求和梦想，并且他们将这个追求和梦想尽力发挥到最高水平。在实现的过程中，肯定有很多的艰难和困惑，但是超我让他们能够保持着追求的决心和行动力。孩子的爸爸也同样如此，"他长大以后，成了尼罗河一带有名的摔跤手，对手是鳄鱼"，超我给他带来了多大的勇气和动力啊！征服鳄鱼，这是爸爸实现超我的一种表达！

　　三个"我"的出现有一定的顺序，但并不绝对，过程中也有循环往复的状态，通常"本我"会随着年龄的增长逐渐弱化，"自我"和"超我"会占据我们生命的大部分，三个"我"本身没有好坏之分，最为重要的是在恰当的时刻，有恰当的"我"存在，这就是创造着平凡中的非凡！

画语心声
假如我能重新选择自己
高昕妍

假如，我能重新选择自己，我可能会选择成为乡野路边静谧的玫瑰。在路一旁静静感受夜晚的安宁，看身旁的一切如何变化。

或许，有人注意到我，为我拍照，散布在网络上……

假如，我能重新选择自己，我可能会成为灯火通明的街头上红绿灯中的黄灯，短暂的闪烁，看来来往往的车辆、为梦想奔波的人们，看每天的城市是"特立独行"，还是"如出一辙"。

假如，我能重新选择自己，我想成为一副耳机，聆听热门生活的点点滴滴，在各式各样的音乐中沉浸、享受。

假如，我能重新选择自己，我想成为素描教室里的一座石膏像，各个不同的角度都有机会被人描绘，与其他石膏像相对而视，什么也不说。

假如，我能重新选择自己，我想成为一个音乐APP，品味每首歌的风格，浏览不同流派，在音乐的海洋中无限翱翔。

假如，我能重新选择自己，我想成为一只小野猫，无忧无虑、自由自在、没有约束。

假如，我能重新选择自己，我想成为游乐园中的棉花糖，给小孩子们带去一朵朵甜蜜和快乐。

假如，我能重新选择自己，我想成为海边的一枚贝壳，可能会被人捡起，精心收藏，也可能会一直静静地躺在沙滩上，感受大海的静谧、汹涌，等待一切大风大浪终将归于风平浪静。

这是一位初一女生创作的作品。她参加了一个学年"生命意义感"主题绘本"心理式"阅读。还记得刚刚参加这个拓展课程的她，低着头，不说话，脸上淡淡的忧伤。一个学年下来，笑容越来越多地浮现上她的脸庞。她已能精准细腻地描述自己的感受，勇敢自然地分享自己的故事，轻松自在地与他人合作。《假如我能重新选择自己》是她精彩的作品，更是她积极成长的印记。她对生命的感觉已经焕然一新，我想未来无论面对怎样的变化，她应该都能够积极应对，就像最后她所说的那一句"一切大风大浪终将归于风平浪静"！

给家长的话

这是一本有趣到极致、浪漫到极致,又深邃到极致的绘本,每次阅读都会让你有不一样的感受。寥寥几笔的线条,加上千变万化的一根红线,诠释了人的一生,最后一句更是道出轮回中新的生命与希望。

它有一个意味深长的名字叫《我等待……》

《我等待……》 [意]大卫德·卡利/文 [法]塞吉·布罗什/图 接力出版社出版

我等待

……自己快快长大。

……临睡前的亲吻。

……妈妈的蛋糕早早出炉。

…………

我等待

……爱情。

…………

我等待

……自己的宝宝。

…………

我等待

……孩子们的电话。

…………

我等待

……孩子们回来看我。

……不久后即将来临的新生命。

…………

淡淡几笔却让人思绪万千，久久不能平静。

第一遍读，你可能觉得有趣，一根小红线万千变化，贯穿了人的一生。

第二遍读，你可能觉得有点淡淡的忧伤，人的一生循环往复就这样结束。

第三遍读，你可能觉得每一句看似普通，但每一句又是那么触动人心。

第四遍读，你可能觉得心有千言万语但又不知从何说起。

第五遍读，你可能突然有所顿悟，人生的每个阶段有不同的注重和期待。

第六遍读，你可能豁然开朗，从后往前看，原来之前的纠结和困惑其实都是那么微不足道，什么才是最重要的，什么才是当下最要珍惜的，尽收眼底。

所以这可以是一本至少看六遍的绘本，每看一遍，孩子和家长就可以交流一次，每一次可能都有新的发现。

这本绘本中平凡又朴实的语言揭示着"人生"中许多无比深刻的道理。每一句的"我等待"其实就是人生新阶段的开启，每个阶段的期待是行动点、珍惜点、生命点，也是思考点，每个阶段我们该如何面对？每个阶段又给我们带来哪些启示，尽在其中。

著名的心理学家埃里克森先生认为，人的一生需要经过八个心理社会性发展阶段，而每一阶段都需要解决一个危机或一个重要的问题，这些危机塑造了他们的人格，每种心理社会危机反映了特定时期人格的某个特定方面，涉及个体与他人的关系。

埃里克森的心理社会性发展

阶段	大致年龄	心理社会危机	重要的关系	心理社会发展的重点
1	出生到18个月	信任对不信任	母亲	得到；给予
2	18个月到3岁	自主对怀疑	父母	支持；放手
3	3岁到6岁	主动对内疚	家庭基本成员	做事；模仿
4	6岁到12岁	勤奋对自卑	邻居、学校	完成事情；共同完成
5	12岁到18岁	同一性对角色混乱	同伴群体和领导榜样	成为自己；分享自我
6	成年早期	亲密对孤独	友伴、生活伴侣、竞争合作伙伴	在另一半那里找到自我
7	成年中期	繁衍对停滞	分工和共同承担家务	关照
8	成年晚期	完善感对悲观失望	"人生""我的一生"	实现自我

这本绘本已经用自己的方式淋漓尽致地诠释了人生发展的八个阶段，用生动的可视化的方式带我们走了一趟生命之旅。这也是为什么这本绘本会如此动人心弦，让人心潮澎湃。

人生每个阶段有每个阶段的心理社会危机，其实也就是每个阶段的发展诉求，当这个发展诉求得到解决后，会顺利发展到下一个阶段，如此顺畅前进。如果前一个阶段的发展诉求没有得到解决，消极成分大于积极成分，那么则会影响到后续阶段的发展。大量研究数据表明，前面七个阶段积极的成分多于消极的成分，就会在老年期汇集成完美感，回顾一生会觉得这一辈子过得很有价值，生活得很有意义。相反，如果消极成分多于积极成分，就会产生失望感，感到自己的一生失去了许多机会，走错了方向，想要重新开始又感到为时已晚，痛苦不已。于是产生了一种绝望的感觉，精神萎靡不振，马马虎虎混日子。所以人生发展的每个阶段对我们来说都很重要，都要好好把握，不能错过。

孩童时，最期待渴望的是"临睡前的吻""妈妈的爱心蛋糕"以及"一个晴朗的天气"，如果此时围绕孩子的是多点认识汉字，快点做出数学题，为说而说的双语交流，那么此阶段孩子的发展到底是积极成分多还是消极成分多呢？答案是显而易见的。

这是个很有智慧的绘本，它不仅道出了人生各个阶段的发展要点，也给出了我们家庭教育的很多启示。当孩子离家后，当孩子成年后，父母期待的是孩子的电话、回来看望的门铃声，这时父母对于孩子是否是社会精英、是否富甲一方还有那么重要吗？可能我们父母此刻最在意的是孩子的健康、快乐和温暖的心，那么在培养孩子健康、快乐和温暖的心的最佳时期，我们的父母是否在重点关注这些方面呢？这也是为什么曾经有位著名的校长在和家长分享时说道，"我觉得那些孩子上了常春藤学校的家长不见得有那些可能孩子只读了个三本或大专学校的家长幸福，为什么呢？因为常春藤的孩子常年在国外，毕业后可能也要留在国外发展，与父母的交流可能也就是视频电话，而那些大专院校的孩子就在父母的身边，何时想念，召唤一声即可赶来，可能也会有小吵小闹，但那又有什么关系呢？因为孩子就真真切切的在身边呀，这就是最大的幸福。"

所以通过这本绘本，我们可以好好地学会从后往前看，慢慢体味，感悟此刻最需要珍惜和行动的。这也是"生命可以被看见"的本质体现。

拓展篇

绘本"心理式"阅读家庭操作指南

一、选择经典而有代表性的系列绘本

根据孩子的心理特性以及个体心理发展的主要方面，选择经典而有代表性的系列绘本，并充分挖掘绘本中的心理因素。个体心理现象主要包括认知和情绪、动机和能力以及人格三个重要方面。以此为基础，结合青少年实际心理发展重点和需求，从"知情意行"可将绘本具体分为"自我认知""自我情感""自我调控""人际互动"四大系列，以下列举一些较有代表性的书单如下：

分类	较适合团体式阅读书目	较适合个体式阅读书目
自我认知	《鸡蛋哥哥》《自己的颜色》《小种子》《小海螺和大鲸鱼》《高空走索人》	《鸭子骑车记》《没有耳朵的兔子》《鳄鱼哥尼流》《小黑鱼》《亚历山大与发条老鼠》《佩泽提诺》《蒂科与金翅膀》《田鼠阿佛》《这不是我的帽子》《来自星星的孩子》《我不知道我是谁》

分类	较适合团体式阅读书目	较适合个体式阅读书目
自我情感	《菲力的17种情绪》《生气的亚瑟》《我变成一只喷火龙了》《吃梦先生——恐惧梦》《把悲伤赶跑》	《我有感觉》《我讨厌妈妈》《和爸爸一起散步》《生气汤》《晴朗的一天》《獾的礼物》《可爱的小雀斑》《朱家故事》
自我调控	《走出森林的小红帽》《鞋子里的盐》《一切有心》《会唱歌的帽子》《天哪，如果……》	《走进生命的花园》《一寸虫》《野兽国》《轻轻呼气的小白鲸》《时间的礼物》《讨厌黑夜的席奶奶》《地球之舞》《天为啥是蓝的》
人际互动	《遇见你，真好》《和我一起玩》《南瓜汤》《你们都是我的最爱》《会飞的拥抱》《姐妹》《记忆的项链》《我的老师是怪兽》	《没有耳朵的兔子和两只耳朵的小鸡》《天生一对》《外公》《朱家的故事》《我爸爸》《我妈妈》《有些时候我特别喜欢爸爸》《有些时候我特别喜欢妈妈》《逃家小兔》《敌人》《鳄鱼爱上长颈鹿》《我有友情要出租》《楼上的外婆和楼下的外婆》

二、创设"4F"核心线索引导

"4F"的创新提出和设计主要是建立在认知发展理论和团体心理辅导实践经验的基础上。四个"F"分别指的是事实（Fact）、感受（Feeling）、发现（Find）、未来（Future）。

事实（Fact），主要是个体对绘本中客观存在内容的感知；

感受（Feeling），在对客观存在内容感知的基础上结合自身的生活经验，所产生的主观情绪感受，这也是个体同化的过程；

发现（Find），在自我情绪感受的激发下，主动自省、探索，并学会将主客观的积极经验整合起来，发现问题、解决困惑，逐步顺应的过程；

未来（Future），就是从自身出发平衡自己的发展，展望今后，形成较为固定的积极思维模式。

"4F"典型提问

4F	事实(fact)	感受(feeling)	发现（find）	未来(future)
典型提问	这本绘本呈现（画/写）了些什么？	看完绘本后，你有什么样的感受？（如果你是其中的某个角色，随着故事的发展，你有怎样的感受？）	这个故事为什么会这样发展？这个故事想说什么？这个故事告诉我们什么？	看完这个绘本，你想对自己说些什么？

三、绘本"心理式"阅读的组织

可以有个体、亲子和团体三种组织方式：

1. 个体阅读

在个体阅读活动引导单的指引下，激发孩子阅读兴趣，学会更有"主动性"地阅读绘本。活动引导单中有效借鉴了"沙盘式"心理投射的特点，可以在模板的基础上进行自主完善和调整。

个体阅读活动引导单举隅

1. 从绘本中选一幅你最想说的画。说说如果是你，你看到这幅画，你会觉得接下来画面应该是什么内容？

　　绘本名称 _____

　　选取画面的页码 _____

　　认为的内容 _____
_____

2. 对于绘本中特别的符号，如省略号等，你觉得符号的背后传达的是什么含义？

　　绘本名称 _____

　　选取符号的页码 _____ 符号名称 _____

　　代表的含义 _____

3. 你想对绘本中的哪部分内容进行改编？怎么改编？

　　绘本名称 _____

　　选取内容 _____

　　改编后内容 _____
_____

4. 你想对绘本中的哪个画面进行调整，将如何调整？

　　绘本名称 _____

　　选取画面 _____

　　调整思路 _____
_____

　　简要标注出调整后的画面构图：

2. 亲子阅读

首先家长和孩子可以按照"4F"提问单的梳理方式，轮流分享对于同一本绘本，或自己印象深刻但与此不同的绘本，诉说感受，互为倾听，不质疑不评价。对于双方表述中不明白的地方可以提问、解释。接着亲子双方分别谈一谈倾听中自己感受最深的地方。其中可以根据家庭氛围、亲子关系特性，灵活融入自由联想、头脑风暴、心理剧等方式。

3. 团体阅读

可以让孩子邀请一些小伙伴，孩子当导师或者父母当导师，选择一本经典的绘本，以此绘本或为引子或为线索或为总述，灵活而巧妙地将"4F"融入其中。

如：在自我认知篇中，选用了绘本《鸡蛋哥哥》为线索，片段一［不想从蛋壳中出来的鸡蛋哥哥］为引子：（1）看到鸡蛋哥哥有这样的蛋壳，你觉得怎么样？［感受］（2）如果你也有这样的蛋壳，你最想让它在什么样的情境中发挥作用呢？［发现］；片段二［蛋壳碎了］为引导：（1）如果你是鸡蛋哥哥，蛋壳碎了，你是怎样心情？［感受］（2）如何面对生活中自己不想但又不得不面对的事件呢？［发现］；片段三［蛋壳碎了的鸡蛋哥哥选择了接受，在朋友的鼓励下，他开始积极想办法行动起来。在积极的行动中，他豁然开朗，完全放下了对于蛋壳的纠结］为总述，只要在心态和行动上积极去面对事件，无论结果如何，都是力量的获得和个体的成长。回想生活中曾经不想面对的事件，你又有了怎样新的发现和行动呢？［未来］。

笔者相关研究论文——《以绘本"心理式"阅读培育积极心理品质"》，发表于全国中文核心期刊《上海教育科研》2019年第2期；2019年3月，此论文核心观点被《中国德育》2019年第3期摘录引用，标题为《绘本"心理式"阅读：培养积极心理品质的新方法》。

篇尾语

《教育的情调》是我非常喜欢的一本书,这本书是教育现象学中非常生动的呈现。

说到教育学,很多人第一反应可能是深奥的理论,但教育现象学让我们看到了不一样的视野,它以日常生活为原点,通过对教育生活中点点滴滴的大事、小事、普通现象、特别现象的关注和探究,让我们始终对教育的生活世界和生活体验保持一种敏感,保持一颗好奇之心。教育现象学驱使我们去探究日常生活体验的教育意蕴。教育现象学更关注对生活体验的追问,像剥洋葱一样,促使我们对一层层包裹在我们体验之上的文化、历史、观念和思想进行质疑和反思,帮助摆脱理论和预设的概念,将我们的成见和已有看法、观点先搁置起来,最终获取教育的本质。

本书的写作理念与教育现象学如出一辙,以生动的绘本故事为引导,在亲子互动、家庭生活的关注和探究中,感受"亲子""家庭"的真正内涵和本质。

希望此书可以引导我们的孩子和家长保持对生活的体验、敏感和好奇。保持对独特性的关注,关注孩子的独特性、情境的独特性、个人生活的独特性,获取生命的体验、成长的体验。

最后用两个可爱的绘本故事作为结束语吧:

高大的长颈鹿和矮小的鳄鱼真心爱着对方,他们希望有一幢房子,能够生活在一起,于是他们搬进了鳄鱼的小房子,但是那儿并不理想,长颈鹿走到哪都会碰到,无论是坐着还是躺着,都有很多的问题。于是他们又决定搬到长颈鹿的家,问题又来了,鳄鱼没法摸到门把手,看着高高在上的餐桌发呆,厕所的马桶更是没法使用,否则一不小心就会掉进去,晾衣服就像走钢索。怎么办呢?他们想啊想,试呀试,终于想到这个绝妙的好办法,瞧,就是这幅图,在家中建立小型泳池,在水中,他们高度相同,他们可以一直互相对望,给对方最甜蜜的微笑。

《搬过来,搬过去》 [德]达妮拉·库洛特 文/图
方素珍/译 少年儿童出版社出版

这是多么独特而有趣的方法呀,我想无论是家长还是孩子都会惊叹,都会被这个奇特的方法所折服。是啊,只要心中有爱,尊重互助,齐心协力,还有什么解决不了的问题呢!

一起想办法,制定伟大计划,
一起动起来,建设有爱之家。

爱是天赋，也是学习！没有天生完美的父母和孩子，也不存在没有任何矛盾的亲子关系，就如著名的心理学家河合隼雄所说的那样："家庭关系中不存在单纯的标准，都是个性与个性的碰撞，没有万事皆通的方法，家庭关系的困难之处也是其有趣之处。"如果把绘本中的长颈鹿和鳄鱼比作是孩子和家长，不正是鲜明地体现着这些特征吗？每个人都可以畅所欲言，必要时也会相互碰撞，没有为了维持表面和平而回避对决亦或压抑忍耐，大家不断加强相互了解、积极思考、共同行动，终究找到秘方，变困难为有趣，变隔阂为亲密，从而获得双方成长与能量，创造出最美之家！

师傅将几千年前古老而珍贵的莲花种子交给了徒弟三人，本、静、安，让徒弟们把它种出来。

本想：我要第一个种出来。

静想：怎样才能种出来呢？

安想：我有一颗种子了。

本找来锄头，着急地把种子埋在雪地里，恨不得种子马上发芽，左等右等，等不到发芽的本，生气地从土地里挖出种子，扔掉了锄头。

静查找了各种种花书籍，并找来金花盆，用最名贵的药水和花土，种下种子，好不容易种子发了一点小芽，赶紧用金罩子把它罩住，结果小幼芽因为得不到阳光和氧气，没过几天就枯死了。

安把种子放在小布袋里,挂在自己的胸前,他每天和以往一样做着斋饭,挑着水,每每看着种子,开心又温暖,等待着合适的时机。

春天来了,在池塘的一角,安种下了种子,种子发芽了,盛夏的清晨,古老的千年莲花盛开了!

《安的种子》王早早 / 文
黄丽 / 绘 海燕出版社出版

在本、静、安的身上，我们是不是好像也看到了自己的影子？

着急看到结果，无法静心忍耐过程；

过度看重外在，忽略了最为本质的需求；

心怀美好愿望，把握最佳时机，静待花开！

每个孩子就像这颗千年的莲花种子，都有开出最美丽莲花的潜质。但是在这个过程中，孩子可能会有很多看似不恰当的行为，都是在向父母呐喊。他们想要突破固有框架，渴望独特地存在。所以在这个过程中，他们最需要的是家庭中的积极心态。

没有充分了解、不能耐心等待、一味单方面给予，过度谨慎与担忧……这些都是阻碍莲花更好生长与盛开不可忽略的因素。

什么是最好的积极心态呢？其实故事中早已进行了生动的描述："放在小布袋里，挂在自己的胸前，每天和以往一样做着斋饭，挑着水，每每看着种子，开心又温暖，等待着合适的时机。"

无论是家长还是孩子，都是独立完整的个体，需要充足的成长空间，安把小布袋挂在胸前、以关注的目光看着种子，开心又温暖，和种子一起静心等待，这些都是亲子间温情的纽带。一心一意爱着孩子，给足他们成长的空间，等待孩子成长的契机，引导孩子在最恰当的时机灿烂盛开！

你的孩子，其实不是你的孩子，
他们是生命对于自身渴望而诞生的孩子。
他们通过你来到这世界，却非因你而来，
他们在你身边，却并不属于你。
你可以给予他们的是你的爱，却不是你的想法，
因为他们自己有自己的思想。
…………

——纪伯伦

安种的不仅是莲花，更是美好的未来。
这是安的境界，也是我们每个家的期盼与境界！

后记

本书从 2020 年 7 月第一次写作建档，2021 年暑假初稿完成，到 2022 年 8 月定稿，三个假期以及每周工作之余是我写作的核心阶段。写作时程不长，却是 20 年工作经验的结晶。这是一个神奇又快乐的写作过程，没有阻塞的思绪卡顿，没有痛苦的抓耳挠腮。有的是总想表达更多，写出更多，写作的每一刻都能够感受到思绪的流畅和内心的喜悦。希望每位看到这本书的人也都能感受到这份的神奇和快乐！

在本书付梓之际，正值《中华人民共和国家庭教育促进法》施行，各地家庭教育指导大纲修订版陆续颁发，家庭教育由"家事"上升为"国事"，全国掀起家庭教育研学热潮，众多家庭和学校急迫需要相关指导。本书写作理念与以上法规文件十分契合，希望本书能够给大家带来更多建立亲子联结的意识和机遇，给家庭和学校带来更多思考的空间和发展的能量，真正做到如《中华人民共和国家庭教育促进法》中所说"遵循家庭教育特点，贯彻科学的家庭教育理念和方法""相互促进，父母与子女共同成长"。

感谢在这个过程中一直给予我莫大支持的家人，每一位都为这本书的诞生贡献了最有价值的力量。我的儿子（就是书中的小男孩吱吱）说："妈妈，以后我们家每周的'家音悦'分享会您就说您写的内容吧，我和爸爸正好是儿童和家长的读者角色，我们会仔细听，把听下来的感受细细告诉您，您可以更好地完善写作。"和我们住在一起的七旬父母，为了支持我的写作，揽下繁琐家务，走起静音步伐，提供后勤保障。我的先生用他的专业和博学给了我很多指点和支持，是我的听众、同伴，更是我的导师。

还有在"心理式"绘本阅读项目探索过程中和我并肩同行的伙伴们，我可爱的徒弟景文，我温婉的好友殷老师，还有聪慧的小曲、小金，才华横溢的天作……不同时期，总有最可爱的人们加入我们探索的队伍中。还有那些无私分享给我们最棒自创绘本的孩子们，他们的成长，让我看到了更多的希望，也对这本书有了更多的信心。同时还有给予我帮助和支持的领导、专家、同事、朋友们。深深地感谢你们！

非常荣幸杨雄和梅子涵两位教授都欣然为本书作序，给予肯定，让我受到了极大的鼓舞。最后还要特别感谢福建少年儿童出版社的厚爱，感谢出版社的领导和李舒洁等编辑们，在我的写作过程中，总是耐心解答，想方设法让书变得更加美好！

本书即将出版，就像亲爱的宝贝即将出生，我的心情既欢喜又忐忑，希望 TA 的降临能让读者遇见更好的自己！

徐娟
2022.8 于上海

图书在版编目（CIP）数据

看见孩子　遇见自己 / 徐娟著. —福州：福建少年儿童出版社，2022.9
　　ISBN 978-7-5395-7473-8

Ⅰ.①看… Ⅱ.①徐… Ⅲ.①家庭教育 Ⅳ.①G78

中国版本图书馆CIP数据核字（2021）第008797号

看见孩子　遇见自己
KANJIAN HAIZI　YUJIAN ZIJI

作者：徐娟/著
出版发行：福建少年儿童出版社
地址：福州市东水路76号17层　邮编：350001
http://www.fjcp.com　E-mail：fcph@fjcp.com
经销：福建省新华发行（集团）有限责任公司
印刷：福建新华联合印务集团有限公司
厂址：福州市晋安区福兴大道42号
开本：787毫米×670毫米　1/24
印张：14.5
版次：2022年9月第1版
印次：2022年9月第1次印刷
ISBN 978-7-5395-7473-8
定价：58.00元

如有印、装质量问题，影响阅读，请直接与承印厂联系调换。
联系电话：0591-83661824